*Ein Mann spielt
um sein Leben*

Ein Mann spielt um sein Leben

Die schönsten Geschichten von
Mario Adorf

Kiepenheuer & Witsch

Mix
Produktgruppe aus vorbildlich
bewirtschafteten Wäldern und
anderen kontrollierten Herkünften

Zert.-Nr. SGS-COC-001940
www.fsc.org
© 1996 Forest Stewardship Council

Verlag Kiepenheuer & Witsch, FSC-N-001512

1. Auflage 2010

© 2010 by Verlag Kiepenheuer & Witsch GmbH & Co. KG, Köln
Alle Rechte vorbehalten. Kein Teil des Werkes darf in irgendeiner
Form (durch Fotografie, Mikrofilm oder ein anderes Verfahren)
ohne schriftliche Genehmigung des Verlages reproduziert oder
unter Verwendung elektronischer Systeme verarbeitet, vervielfältigt
oder verbreitet werden.
Umschlaggestaltung: Rudolf Linn, Köln
Umschlagmotiv: © Rudolf Linn, Köln
Autorenfoto: © Melanie Grande, Köln
Gesetzt aus der Stempel Garamond
Satz: Pinkuin Satz und Datentechnik, Berlin
Druck und Bindung: GGP Media GmbH, Pößneck
ISBN 978-3-462-04275-7

Inhalt

Vorwort 7
Helge Malchow

Zypriotische Eröffnung 11
Der Photograph von San Marco 47
Der Besuch 63
Die zwei Tode des armen Baràbba 78
Romy a Roma – Amor Amaro 90
Der Arzt von Saint-Tropez 100
Vor der Landung 136
Ein Mann spielt um sein Leben 152
Der Fenstersturz 167
Schweigen 178
Der Klavierstimmer 193
Das Orakel 246

Quellenangaben 254

Vorwort

Zwischen dem Beruf des Schauspielers und dem Beruf des Schriftstellers gibt es eine Fülle von Beziehungen und Gemeinsamkeiten. Das beginnt damit, daß Schauspieler in der Regel Literatur »verkörpern« oder »aufführen« und damit diese Literatur für den Zuschauer oft erst erfahrbar machen. Schauspieler sind dabei weit mehr als willfährige »Instrumente« des Autors (oder Regisseurs): Die Phantasie, die ein Schauspieler entwickeln muß, eine Figur zu interpretieren und lebendig werden zu lassen, ist sicher nicht kleiner oder unbedeutender als die Phantasie des Schriftstellers, diese Figur zu erfinden oder zu entwickeln. Hinzu kommt, daß zumindest die Schauspieler, die vom Theater kommen oder am Theater arbeiten, regelrechte Experten der Literaturgeschichte von der Antike bis in die Gegenwart sind, ist doch die Geschichte der Literatur von Sophokles bis Jean-Paul Sartre, von Georg Büchner bis Elfriede Jelinek immer auch eine Geschichte der Theaterliteratur. Es ist daher ein kleines Rätsel der Kulturgeschichte, warum einem so wenige Schauspieler einfallen, die sich auch als Schriftsteller betätigt haben, wenn man einmal von den zahlreichen, oft bemerkenswerten

Schauspielermemoiren, etwa von Hildegard Knef, Armin Mueller-Stahl oder Günter Lamprecht, absieht. Woody Allen, der allerdings noch mehr Regisseur als Schauspieler ist, hat großartige Erzählungen geschrieben, der Schauspieler Klaus Pohl schreibt beachtliche Theaterstücke, und der große Peter Ustinov war ein höchst erfolgreicher Autor von Romanen und Erzählungen. Aber die Liste ist kurz. Und damit sind wir bei Mario Adorf, dem bekanntesten und beliebtesten deutschen Schauspieler, dessen glanzvolle Karriere an den »Münchner Kammerspielen« schon in den frühen 50er Jahren begann und die von Anfang an auch eine große Filmkarriere war: Schon 1957 erlebte er hier seinen Durchbruch mit der Verkörperung des Serienmörders Bruno Lüdke in »Nachts, wenn der Teufel kam«. Und wenn man sich die unendliche Liste seiner Filme anschaut, in denen er über 50 Jahre lang mitgewirkt hat, fallen zwei Dinge auf: Zum ersten ist Mario Adorf der einzige deutsche Schauspieler, der zugleich ein europäischer Schauspieler ist. Im italienischen Film ist er so zu Hause wie im französischen Film, von seinen Ausflügen nach Hollywood, seinen Auftritten im englischen Film und seinen Rollen in vielen anderen europäischen Ländern ganz abgesehen. Und zum zweiten gibt es bei ihm eine erkennbare Nähe zu literarischen Stoffen, bei denen seine Schauspielkunst ihren Höhepunkt erreicht: Heinrich Bölls »Die verlorene Ehre der Katharina Blum« (Regie: Volker Schlöndorff und Margarethe von Trotta) gehört dazu, Günter Grass' »Die Blechtrommel«, »Via Mala« nach dem berühmten Roman von John Knittel oder die Verfilmungen von Siegfried Lenz' »Heimatmuseum«. (Und, wenn man will, natürlich auch Karl Mays »Winnetou I«.) Vielleicht liegen hier die Ursprünge für Mario Adorfs veritable literarische Karriere, die Anfang der 90er Jahre startete und von Beginn an überaus erfolgreich war. Sechs Bücher sind mittlerweile entstanden, davon fünf Bände mit Erzählungen und eine Autobiographie. Die Auflage seiner Bücher übersteigt eine halbe Million Exemplare, also auch in dieser Hinsicht gehört Mario Adorf als Buchautor mittlerweile zu den Großen im Lande. Auffällig ist, daß alle Erzählungen Mario Adorfs, die eher autobiographischen ebenso wie die fiktiven Geschichten, ihre Herkunft aus dem oralen Erzählen nicht verleugnen. Mario Adorf war schon vor seinem literarischen Debüt 1992 bei seinen Freunden und Kollegen als begnadeter Geschichtenerzähler bekannt und beliebt.

Und so wie die Schriftkultur historisch ja überhaupt aus dem mündlichen Erzählen der grauen Vorzeit entstanden ist, so kann man diesen vergessenen Entstehungszusammenhang bei Mario Adorf gewissermaßen im Schnelldurchgang noch einmal studieren: wie kuriose, komische, dramatische oder tragische Erlebnisse oder Geschichten zuerst den

Freunden erzählt werden, wie sie langsam eine Dramaturgie bekommen, eine Atmosphäre, wie die Psychologie von Figuren erkennbar wird und wie immer wieder daran gearbeitet wird – bis eine Geschichte »stimmt« (was keinesfalls gleichbedeutend mit »wahr« sein muß). Das Aufschreiben verändert eine Geschichte dann noch einmal, ein reflexives Moment kommt hinzu, eine größere Bewußtheit in bezug auf Erzählmotive und auf die sprachliche Form. Aber der Klang des mündlichen Erzählens, Mario Adorfs Stimme, bleibt immer hörbar.

Die vorliegende Auswahl der Erzählungen erscheint zum Anlaß von Mario Adorfs 80. Geburtstag. Sie versammelt Geschichten aus verschiedenen Bänden seines Werkes, die Auswahl ist subjektiv und nicht repräsentativ. Viele der autobiographischen Erzählungen über Mario Adorfs Kindheit und Jugend im Eifelstädtchen Mayen etwa (aus dem Band »Der Mäusetöter«) fehlen hier. Dafür liegt der Schwerpunkt auf Erzählungen aus Mario Adorfs europäischen Wahlheimat-Ländern Italien und Frankreich. Und natürlich geht es immer wieder um seine große Leidenschaft – die Welt des Theaters und des Films, die selbst voller Komödien und Tragödien ist und über die uns niemand schönere Geschichten erzählt hat als Mario Adorf.

Helge Malchow, im Juni 2010

Zypriotische Eröffnung

Am 7. Dezember 1932 brachte die Berliner Abendzeitung SPANDAUER ECHO auf der ersten Seite unter der Überschrift: EIFERSUCHTSDRAMA: OTHELLO-DARSTELLER TÖTET EIGENE FRAU die folgende Meldung:

> »Wie wir soeben erfahren, hat gestern abend gegen zweiundzwanzig Uhr der bekannte Schauspieler Harald Müller-Graf seine Ehefrau Hedwig erwürgt, nachdem er im Lessing-Theater in der Shakespeare-Tragödie OTHELLO die Hauptrolle des eifersüchtigen Mohren gespielt hatte.«

Nach der Vorstellung, schrieb das Blatt weiter, sei er in seine Wohnung in Berlin-Dahlem zurückgekehrt, wo er seine Frau mit einem Liebhaber überrascht habe, der allerdings unerkannt habe fliehen können. Nach der Tat sei er mehrere Stunden lang in geistiger Verwirrung ziellos durch die Straßen der Stadt geirrt und im Morgengrauen von Beamten der Schutzpolizei am Ufer des Hundekehlsees aufgegriffen worden, als er völlig entkleidet seinem Leben im eiskalten Wasser des Sees ein verzweifeltes Ende setzen wollte.

Über eine Woche lang füllte die sensationelle Geschichte auch alle übrigen Zeitungen der Republik. Man erfuhr weiterhin, daß Müller-Graf mit einer Lungenentzündung ins Krankenhaus eingeliefert worden war. Als er eine Woche später entlassen wurde, kam er in Untersuchungshaft, wurde verhört, es wurden Zeugen geladen, Kollegen, Nachbarn, Freunde; vergeblich wurde nach dem verschwundenen Liebhaber gefahndet, doch schon bald legte sich die Aufregung über die Eifersuchtstat. Der Untersuchungsrichter gewährte Haftverschonung bis zum Prozeß, der frühestens fünf Monate später stattfinden würde. Er sollte sich wegen der politischen Wirren und der Machtergreifung Hitlers noch mehr verzögern.

Etwa eine Woche vor Verhandlungsbeginn im Spätsommer 1933 erhielt Müller-Graf einen überraschenden Anruf. Am anderen Ende der Leitung meldete sich Jacob Berenson, der berühmte Rezensent, der zusammen mit Kerr, Polgar und Ihering das gefürchtete Quartett der Berliner Theaterkritik bildete. Müller-Graf war dem Kritiker einige Tage vor seiner OTHELLO-Premiere im Romanischen Café auf dem Gang zur Toilette begegnet, hatte ihn begrüßt, aber Berenson hatte keine Unterhaltung zugelassen: »Entschuldigen Sie, Verehrter, vor einer Premiere pflege ich grundsätzlich keinen Kontakt zu Künstlern, mit denen ich mich eventuell als Rezensent auseinandersetzen muß.«

Diesmal war es der Kritiker, der Müller-Graf um eine Unterredung bat. Es gehe ihm dabei nicht um dessen privates Mißgeschick, wie Berenson die Untat vorsichtig umschrieb, sondern er wolle sich mit ihm über seine Arbeit unterhalten. Müller-Graf wunderte sich und wollte schon beleidigt ablehnen, denn Berenson hatte ihn als Othello gnadenlos verrissen. Auf der anderen Seite war Müller-Graf jetzt mehr denn je auf gute Presse angewiesen, und so nahm er das Angebot an. Als er das Romanische Café als Treffpunkt vorschlug, in dem das Treffen sicher nicht unbeachtet verlaufen wäre, lehnte der Kritiker ab. So kamen beide überein, daß sie sich im neuen Domizil Müller-Grafs treffen würden. Der hatte die alte Wohnung in Dahlem, die geräumige erste Etage einer Gründerzeitvilla, in der sich das Unglück, so nannte Müller-Graf selbst den Totschlag seiner Frau, ereignet hatte, nach der Tat aufgegeben, um in einen neuen, preisgekrönten Bungalow im strengen Bauhaus-Stil im Grunewald zu ziehen, den ein befreundeter Bauherr ihm vermietet hatte, nachdem dessen Frau sich geweigert hatte, den »kalten Kasten« zu betreten.

Als Berenson an einem Sonntag nachmittag vor dem Haus aus der Droschke stieg, stand Müller-

Graf in der offenen Haustür und begrüßte den hageren, wie meist in feierliches Schwarz gekleideten Literaten. Er selbst gab sich locker, trug ein breitgestreiftes, kragenloses Hemd unter einer beigefarbenen Strickweste und eine braune Kordhose, über der sich unverhohlen ein kleiner Bauch wölbte.

Nach der bemüht freundlichen Begrüßung führte Müller-Graf den Gast ins Haus. Berenson fragte sich beim Anblick der kühlen Pracht des Baus und der Einrichtung, ob der Schauspieler sich da in Anbetracht seiner Lage nicht übernommen habe. Allerdings hatte sich Müller-Graf, wie viele andere Schauspieler, der neuen Mode, der von Berenson hartnäckig ignorierten Kinematographie, verschrieben und in einigen Filmen der letzten Jahre offenbar recht gut honorierte Rollen gespielt. Auch wußte man, daß seine Frau aus einer wohlhabenden Familie stammte, wenn auch ein Zugriff des Witwers auf deren Vermögen in diesem Falle eher unwahrscheinlich war.

Auf der Fahrt in den Grunewald hatte sich Berenson des jungen Müller-Graf erinnert, der als jugendlicher Held von Dresden – oder war es Leipzig? – an Max Reinhardts Deutschem Theater engagiert worden war. Damals hatte man ihm eine homosexuelle Bindung mit einem berühmten Kollegen nachgesagt, bald darauf heiratete er jedoch die junge, wohlhabende Hedwig Brunnemann, die ebenfalls bei Reinhardt engagiert war, sich aber nach der Heirat vom Theater zurückzog. Müller-Graf war dann sehr schnell aus den jugendlichen Helden herausgewachsen, er hatte, wie man das nannte, »zugelegt«. Es war in jener Zeit im Schwange und auf der Bühne erfolgversprechender, wenn man als Charakterspieler Raumverdrängung besaß, wie es George, Klöpfer, Winterstein und andere vorführten, während die Schlanken wie Rasp, Minetti, Franck oder Stahl-Nachbaur lange Jahre in der zweiten Reihe der beachtlichen Berliner Schauspielergarde ausharren mußten.

Müller-Graf ließ Berenson in den zu groß geratenen Wohnraum treten, an dessen Ende eine selbst Berenson beeindruckende Bücherwand hoch in den Giebel des Hauses reichte, deren oberer Teil über eine Metallkonstruktion begehbar war. Währenddessen rief sich Müller-Graf seinerseits das wenige, was man über Jacob Berenson wußte, ins Gedächtnis. Ihm fiel die gelungene Karikatur von George Grosz ein, die den Kritiker streng gescheitelt, mit hohem Stehkragen, Kneifer auf spitzer Nase und einem altmodischen Federhalter hinterm Ohr zeigte. Vor dem Weltkrieg hatte er eine vielbeachtete Sammlung von Gedichten veröffentlicht, war vom Krieg schwerverletzt heimgekehrt und hatte begonnen, für die »Welt der Bühne« Kritiken zu schreiben, die im Laufe der Jahre gefürchtet wurden. Seither hatte er bei Premieren in allen Theatern seinen festen Platz, den ersten Stuhl links in der vordersten Reihe, wo er sein lädiertes Bein ausstrecken konnte. Wenn er seinen Sitz bisweilen vor dem Stückschluß oder gar schon in der Pause verließ, konnte dies Lähmung und Schrecken unter Autoren, Regisseuren und Schauspielern auslösen.

Über sein Privatleben war wenig bekannt. Man wußte lediglich, daß er nicht verheiratet war und allein in einer kleinen Wohnung in der Nähe seiner Zeitung hauste.

Müller-Graf geleitete seinen Gast in den tiefer gelegenen Teil des Wohnraums, wo vor dem Kamin einige Mies-van-der-Rohe-Sessel um einen niedrigen Tisch herumstanden; darauf ein Schachbrett mit den wenigen Figuren einer beendeten Partie.

»Sie spielen Schach?« fragte Berenson. »Gern, aber nicht besonders gut«, antwortete Müller-Graf etwas zu bescheiden, »und nur gegen mich selbst«, fügte er scherzhaft hinzu, »da gewinne ich immer.«

Als er hinter Berenson vorbeiging, bemerkte er mit heimlicher Schadenfreude auf dessen Jakkettkragen einige Schuppen. Er lud ihn mit einer Handbewegung zum Sitzen ein.

Sie blieben eher wortkarg, bis sie vor einer Tasse Kaffee und einem Stück Streuselkuchen saßen und das ältliche Dienstmädchen sie allein gelassen hatte. Berenson tupfte sich mit einer Serviette den Mund, räusperte sich und begann vorsichtig: »Es sind nicht schnöde Sensationslust oder Neugier, die mich zu Ihnen führen, davon haben Sie in der letzten Zeit gewiß genügend erfahren, sondern es hat, wie ich schon andeutete, mit Othello zu tun.

Ich habe seinerzeit die Premiere gesehen und Sie, wie Sie wissen, hart kritisiert. Ich habe damals gefragt, warum Sie ausgerechnet den Othello spielen wollten. Sie waren nach meiner Meinung die schlimmste Fehlbesetzung des Othello, die ich jemals erlebt habe. Ich habe noch Matkowski als Othello gesehen, wahrscheinlich der beste von allen; Fritz Kortner war ein kraftvoller, wilder, beunruhigender Othello, auch wenn ihm das Heldische etwas fehlte. Und Othello ist ein Held. Er ist naiv und besitzt einen wunderbaren, lauteren Charakter. Und den braucht man für den Othello. Den Jago kann man spielen. Er ist sicher kein Intellektueller, als den ich Sie wiederum einschätze, lieber Müller-Graf, wenn ich den Schauspieler in Ihnen damit nicht beleidige. Daher habe ich mich damals gefragt: Warum spielt er den Othello überhaupt? Und warum spielt er ihn so?

Ich muß Ihnen nicht sagen, daß Sie sich künstlerisch wie politisch zwischen alle Stühle gesetzt haben. Die linken Blätter haben Sie als volksfern bezeichnet, von den rechten wurden Sie als minderwertiger, mörderischer Hottentott verrissen, und ich, als Konservativer, wenn Sie so wollen, habe Sie als einen keiner edlen Regung fähigen Schwächling charakterisiert, während Kraus als der ›wackre‹ Jago einmütig gelobt wurde, indem er von der rechten Presse als perfekter Bösewicht zum Helden des Abends hochgejubelt wurde, von der linken als volkstümlicher Schelm belacht und von der nationalen als braver Soldat gepriesen wurde. Was insgesamt auch falsch, aber erfolgreich war. Warum haben *Sie* nicht den Jago gespielt? Sie wären sicher hervorragend gewesen und hätten sich von Kraus nicht an die Wand spielen lassen müssen, der, wie ich weiß, gerne den Othello gespielt hätte, was er aber, unter uns, auch nicht kann.«

Müller-Graf schluckte ein paarmal und versuchte seine Verteidigung zu organisieren:

»Ich bin Schauspieler, das heißt, ich spiele einmal für mich selbst, danach für die Kunst, und dann erst für das Publikum. Ich spiele nicht für die Rechten, nicht für die Linken und auch nicht, mit Verlaub, für die Kritiker. Ich spiele für alle, für das gesamte Publikum, das ich mir nicht aussuchen kann und auch nicht aussuchen will.«

»Also gut«, versuchte es Berenson in beruhigendem Ton, »lassen wir die Politik und das Theater als großes Ganzes einmal beiseite und kommen wir zu Ihrem eigenen, privaten Othello. Sie können sich mein Staunen und mein Erschrecken vorstellen, als ich von Ihrer schrecklichen Tat gelesen habe. Sie haben mit Othello Ernst gemacht und das Theater hinter sich gelassen. Das Leben hat damit das Schauspiel überholt und Ihnen in gewisser Weise, gegen mein Urteil, recht gegeben, und ich hatte Ihnen, wenn man so will, unrecht getan. Dafür müßte ich Sie eigentlich um Verzeihung bitten.«

»Das brauchen Sie nicht«, erwiderte Müller-Graf dankbar, »aber es tut mir gut. Sie wissen, mein Prozeß steht bevor, und ich kann jede Aufmunterung gut gebrauchen.«

»Bitte, seien Sie nicht voreilig. Ich habe mir nämlich einige Gedanken über die Figur des Othello gemacht, die mich nicht loslassen und die ich Ihnen nicht vorenthalten möchte. Gedanken, die Ihrer Rollenauffassung diametral entgegenlaufen und die Ihren Intellekt verletzen könnten.«

»Verehrter Herr Berenson«, lächelte Müller-Graf leicht verkrampft, »ich gebe zu, Ihre Kritik hat mich damals getroffen, vor allem, weil ich Sie als Kritiker immer geschätzt habe. Was mich so schmerzte, war die ungewöhnliche Schärfe Ihrer Kritik, es war ja eine regelrechte Hinrichtung, und das wollte nicht zu dem Bilde passen, das ich mir von Ihrer Objektivität gemacht hatte. Daher auch der Brief, den ich Ihnen daraufhin geschrieben und in dem ich Sie nicht geschont habe.«

»Ich habe keinen Brief von Ihnen erhalten, lieber Müller-Graf«, rief der Kritiker verwundert aus.

»Ich habe ihn nicht abgeschickt«, gab der Schauspieler lächelnd zu.

»Das hätten Sie aber tun sollen, es wäre Ihr Recht

gewesen, auf meinen Verriß zu reagieren, schließlich stellt er nicht mehr als eine persönliche Meinung dar ...«

»Die aber in Ihrem Blatt den Charakter einer Verurteilung ex cathedra annimmt.«

»Da überschätzen Sie vielleicht mein Blatt und meinen Einfluß. Ich wollte aber sagen: Wenn Sie Ihren Brief abgeschickt hätten, wäre es wahrscheinlich früher zu dieser Unterredung gekommen. Nicht daß ich mir einbilde, ich hätte Ihre unglückselige Tat vielleicht vermeiden können, aber ich glaube, ich hätte Ihnen einige Dinge über das Problem der Eifersucht im OTHELLO sagen können, die Ihre Meinung darüber möglicherweise geändert und aus Ihnen einen besseren Othello auf der Bühne und einen schlechteren im Leben gemacht hätten.«

»Damit treffen Sie mich nicht, lieber Herr Berenson, ich gehöre durchaus zu denen, die sich sogar noch vor der Premiere ein Gespräch mit den Kritikern wünschen und vorstellen könnten. Mich hat es immer geärgert, daß auf der einen Seite der Regisseur, die Schauspieler, zuweilen der Autor und all die anderen an einer Theaterinszenierung Beteiligten monatelang mit großem Einsatz auf eine Aufführung hinarbeiten, die der Kritiker dann in einigen Stunden oder, bitte, in einer Nacht verreißt, meistens jedenfalls, und damit die Anstrengung vieler, doch wohl auch nicht ganz ahnungsloser

Menschen zunichte macht. Eine intime Kenntnis des Probenprozesses würde manchem Kritiker die Augen öffnen und ihm vielleicht etwas mehr Respekt für die geleistete Arbeit abfordern.«

»Dies würde allerdings den Kritiker überflüssig machen, denn wie sollte er das kritisieren können, was er vorher mit dem Regisseur oder den Schauspielern erlebt und schon erörtert hat? Nein, nein, lieber Müller-Graf, das ist Unsinn. Dafür gibt es einen Dramaturgen, einen Regisseur und lange Probenzeiten. Den Kritiker hat nur das fertige Resultat zu interessieren und nicht, wie schwierig es war, zu diesem Resultat zu gelangen. Nur das Ergebnis ist wichtig!«

Müller-Graf schwieg überrumpelt, und so sprach Berenson weiter:

»Kommen wir auf Ihre Rolle zurück. Sie haben den Othello gegen Ihren Typus als den vor Eifersucht rasenden Primitivling gespielt, während ich ihn als sehr viel komplexeren Helden sehe.«

Berenson fischte einen altmodischen Zwicker aus seiner Ziertuchtasche, klemmte ihn auf die Nasenspitze, griff in seine Jackentasche und zog ein beigefarbenes, zerlesenes Reclamheft hervor, in dem er suchend blätterte, während er weitersprach:

»Sie haben auf der Bühne wie auch in Ihrem Privatleben im Affekt gehandelt. Othello aber hat durchaus nicht im Affekt getötet. Er betritt ruhig, mit einem Leuchter in der Hand, das Schlafzimmer, und seine Worte sind genauso ruhig.« Berenson hatte die gesuchte Stelle gefunden, räusperte sich und begann mit etwas schnarrender Stimme zu lesen:

> *›Die Sache will's, die Sache will's, mein Herz!*
> *Laßt sie mich euch nicht nennen, keusche*
>   *Sterne! –*
> *Die Sache will's! – Doch nicht ihr Blut vergieß'*
>   *ich;*
> *Noch ritz' ich diese Haut, so weiß wie Schnee*
> *Und sanft wie eines Denkmals Alabaster.*
> *Tu aus das Licht und dann, tu aus das Licht!*
> *Ja, lösch' ich dich, du flammenheller Diener,*
> *Kann ich dein vorig Licht dir wiedergeben,*
> *Sollt' ich's bereu'n. – Doch dein Licht ausgetan,*
> *Du reizend Muster herrlichster Natur,*
> *Nie find' ich den Prometheusfunken wieder,*
> *Dein Licht zu zünden. Pflückt' ich deine Rose,*
> *Nie kann ich ihr den Lebenswuchs erneun,*
> *Sie muß, muß welken;‹*

Klingt das nach eifersüchtiger Raserei? Was würden Sie sagen, wenn ich sogar behauptete, daß Eifersucht gar nicht das eigentliche Tatmotiv Othellos war?«

Müller-Graf zog eine Braue hoch und lächelte zweifelnd. »Damit würden Sie gegen eine jahrhundertealte Auffassung anrennen, nach der Shakespeares OTHELLO das klassische Eifersuchtsdrama schlechthin, ja, daß der Name Othello das Symbol für Eifersucht ist. Ich bin neugierig, wie Sie Ihre Behauptung begründen wollen.«

Berenson trank den Rest seines Kaffees aus, stellte die Tasse vorsichtig auf die Untertasse zurück, ließ sich nachschenken und sprach dozierend, wie jemand, der sich auf sicherem Terrain weiß:

»Wir müssen uns darüber klar werden, was für ein Mann Othello war. Er war kein junger Mann, dem die sexuelle Leidenschaft, sagen wir, unter dem Wams brannte. Was waren seine Erfahrungen mit Frauen? Er war ein Soldat, und zwar von Kindesbeinen an.

›*Seit siebenjähr'ge Kraft mein Arm gewann,*
Bis vor neun Monden etwa, übt' er stets
Nur Kriegestat, im Felde wie im Lager;
Und wenig lernt' ich von dem Lauf der Welt,
Als was zum Streit gehört und Werk der
Schlacht ...‹

Ich glaube, man darf annehmen, daß seine Erfahrungen mit dem weiblichen Geschlecht sich auf den sexuellen Vollzug mit Frauen beschränkten, die man ihm als Kriegsbeute nach der Schlacht in seinem Zelt zuführte, oder mit leichten Mädchen, die sich dem Sieger in die Arme warfen.

Als er nun, General des venezianischen Heeres

geworden, zum ersten Mal eine kurze Friedenszeit in Venedig, der prächtigen Hauptstadt eines mächtigen Handelsreichs, genießen kann, wird er, der Neger – denn er war kein Maure, wie gerne behauptet wird, sondern ein Neger, wenn auch aus ›königlichem Stamm‹ –, wird der schwarze Othello also wie eine schöne, exotische Bestie in die elegante, raffinierte Gesellschaft Venedigs eingeführt, eingeladen von Brabantio, Desdemonas Vater, einem Senator, der, anders als meistens dargestellt, kein zeternder Tattergreis, sondern ein Altersgenosse Othellos ist. Von diesem läßt sich der verweichlichte Städter Kriegsgeschichten erzählen und denkt sich nichts dabei, wenn seine Tochter, die junge Desdemona, ab und zu, wenn ›*nicht ein Hausgeschäft*‹ sie abhält, dabeisitzt und zuhört. Aber sie verliebt sich nicht in Othello, wie andere junge Mädchen sich in Männer verlieben.

Sie hat die gleichaltrigen Jünglinge der venezianischen Jeunesse dorée allesamt, Cassio inbegriffen, abblitzen lassen. Sie bewundert Othello, wünscht sich, ›*der Himmel habe sie als solchen Mann geschaffen*‹. Sie ist fasziniert von dem Erzähler Othello. Als sie, vor Mitleid und Rührung Tränen vergießend, die Lebens- und Leidensgeschichte des Soldaten gehört hat, dankt sie ihm und bittet ihn, so erklärt es Othello vor dem Senat, dort von Brabantio des widernatürlichen Zaubers angeklagt:

> *›Wenn je ein Freund von mir sie lieben sollte,*
> *Ich mög' ihn <u>die</u> Geschicht' erzählen lehren,*
> *Das würde sie gewinnen.‹*

Und auch aus dem reifen Othello selbst spricht weniger leidenschaftliche Liebesglut als besonnene, klare Einschätzung ihrer beider Beziehung zueinander, wenn er abschließend erklärt:

> *›Sie liebte mich, weil ich Gefahr bestand,*
> *Ich liebte sie um ihres Mitleids willen.*
> *Das ist der ganze Zauber, den ich brauchte.‹*

Der Beginn dieser Beziehung klingt jedenfalls nicht gerade nach einem ›Coup de foudre‹, nicht wahr?« Müller-Graf nickte abwartend, und Berenson fuhr fort, während er die Figur der weißen Dame vom Schachbrett nahm und hochhielt:

»Desdemona ist eine moderne, starke junge Frau, die es riskiert, gegen den Willen, ja, ohne Wissen des Vaters den Neger Othello zu heiraten. Und es hat den Anschein, daß die Initiative dazu sogar von ihr ausgeht, während Othello sich in Venedig kaum besonders wohl gefühlt haben dürfte, denn immer wieder stößt er auf rassische Vorurteile. Er wird als Feldherr zwar gebraucht, von der Gesellschaft jedoch verachtet. Er wird unmittelbar nach der heimlichen Eheschließung in den Krieg geschickt, und er folgt diesem Befehl ohne Murren, ja, fast erleichtert und mit wiedergewonnener soldatischer Verve. Dem Paar bleibt eine Stunde zum Packen und für den liebevollen Abschied. Ich frage Sie: Wird der besonnene Othello in dieser verbleibenden, sagen wir, halben Stunde ein edles, unschuldiges Mädchen im ›Schützen‹, einer venezianischen Kneipe mit Zimmern, entjungfern, oder wird er nicht lieber, nachdem Desdemona, die nicht als ›*Friedensmotte*‹ in Venedig bleiben will und vom Senat Erlaubnis erbittet, Othello nach Zypern zu folgen, die Hochzeit dort, als siegreicher General in der Festung, seiner Residenz, vollziehen? Ich glaube fest, das letztere wird er wählen. Bis zu ihrer Ankunft in Zypern ist Desdemona also wohl noch Jungfrau.«

»Wie kommen Sie denn darauf?« warf Müller-Graf etwas gröber als gewollt ein. »Othello hat Desdemona entführt, sie in einem Hotel untergebracht. Es kann dort durchaus zu einer Liebesnacht gekommen sein, wenn auch Jagos Behauptung, daß sie dort dabei sind, ›*das Tier mit zwei Rücken*‹ zu machen, bösartig falsch sein kann und daher kein Beweis sein muß.«

»Lieber Müller-Graf, hätte in Venedig eine Liebesbeziehung zwischen Desdemona und Cassio bestanden, wie Jago später Othello glauben macht, und hätte Othello dort schon mit Desdemona geschlafen, wäre sie für ihn erkennbar, und das ist eine ganz unmögliche Vorstellung, keine Jungfrau mehr gewesen.«

»Also gut, nehmen wir an, daß es vor der eiligen Abreise zu keinem Liebesvollzug kam, aber entschuldigen Sie, lieber Herr Berenson, wo ist letzten Endes der Unterschied, ob Othello sie in Venedig oder auf Zypern entjung...?«

»Der liegt doch auf der Hand!« fiel Berenson dem Schauspieler überraschend temperamentvoll ins Wort, »wenn Othello in Zypern erstmalig mit Desdemona schläft, kann er sicher sein, daß sie, die er zur Reise nach Zypern seinem Fähnrich Jago anvertraut hat, ihm dort als Jungfrau entgegentritt. Warum sollte er dann auf den jungen, schönen Cassio, der ihm vorher in Venedig als Gobetween, als Liebesbote, gedient hatte, eifersüchtig sein?

Aber merkwürdigerweise zeigt Othello sich eifersüchtig, als Jago am nächsten Tag eine vorangegangene Liebesbeziehung Cassios mit Desdemona andeutet. Hätte er sie hingegen in der ersten Nacht auf Zypern und nicht schon in Venedig entjungfert, würde er Jago als Verleumder entlarven können. Die Lösung kann also nur sein: Auch in dieser Nacht, während der er durch den von Jago angezettelten Aufruhr gestört wurde, kann es nicht zu der erlösenden Vereinigung gekommen sein.«

Berenson genoß die Verblüffung des Schauspielers, stellte die weiße Dame wieder neben den schwarzen König und lehnte sich, wie nach einem guten Schachzug, in seinem Stuhl zurück.

»Wollen Sie mir etwa den schwarzen Kraftprotz Othello als impotent verkaufen?« lachte Müller-Graf ungläubig und gekünstelt laut.

»Durchaus nicht! Warten Sie ab«, beschwichtigte der Kritiker den Schauspieler.

»Wir müssen uns fragen: Was ist Desdemona für Othello? Sie ist für ihn mehr als eine Frau, sie ist für ihn das Höchste, was er sich wünschen konnte. Sie ist ihm sogar mehr als sein Erfolg als Heerführer. Zum ersten Mal baut er sich ein privates Glück auf, und wie als General seine Siege, seine Medaillen seinen militärischen Erfolg krönen, so krönt die Eroberung Desdemonas sein privates Glück. Er stellt Desdemona auf ein Piedestal, er betet sie an, er erhebt sie zu seinem Idol, für das er alles, Leben, Ehre, Erfolg in die Schanze zu schlagen bereit ist.

Doch wenn sie, seine Göttin, sich als falsch erweisen sollte, dann löscht er mit einem Streich alles aus: Desdemonas Leben und seines, Ehre, Liebe, Eifersucht, alles –«

»Das klingt ja sehr logisch, was Sie da entwickeln, lieber Herr Berenson«, sagte Müller-Graf kopfschüttelnd, »aber es ist doch bestenfalls nur eine interessante Lesart. Wo steht das bei Shakespeare, warum soll Othello, zwar in der Nacht gestört, um Himmels willen nicht mit Desdemona geschlafen haben?«

Als habe er genau diese Frage provozieren wollen, hakte Berenson ein: »Weil eben dieser unergründliche Shakespeare hier einen gar nicht besonders subtilen, eher deftigen Hinweis eingebaut hat, der selbst von denen, die Shakespeare kennen, die ihn spielen, inszenieren und, bitte sehr, kritisieren, nicht beachtet wird.«

»Jetzt machen Sie mich aber neugierig, verehrter Herr Berenson.« Der fragte sehr ruhig: »Haben Sie womöglich den englischen OTHELLO-Text zur Hand?« Müller-Graf sprang auf, ging rasch zu der Bücherwand, zog, fast ohne zu suchen, einen Band aus dem Regal und reichte ihn dem Kritiker.

»Bei Shakespeare stehen nämlich einige Zeilen, die schon von Baudissin, aus Scham oder Unverständnis, nicht übersetzt wurden und die, wenn überhaupt entdeckt, immer gestrichen werden, übrigens auch im puritanischen England.« Während er in der deutschen Ausgabe blätterte und die gesuchte Seite fand, sagte er: »Hier, es ist die Szene am Morgen nach der besagten ersten Nacht, als Cassio mit Musikanten auftaucht, um dem General ein Morgenständchen zu bringen und ihn wegen der Vorfälle während der Unglücksnacht zu besänftigen. Ihnen tritt ein Diener Othellos, der Clown, entgegen – Clowns nennt Shakespeare seine Spaßmacher, wie die Totengräber im ›Hamlet‹ etwa, hier fälschlich mit Narr übersetzt, mit dem eher der tiefsinnige Hofnarr gemeint ist, wie zum Beispiel der Fool, der Narr im ›Lear‹. Dieser Clown also unterbricht das Konzert mit der Begründung, daß sein Herr nicht gestört werden dürfe. Ich frage Sie: Warum wacht Othello nach der Hochzeitsnacht auf eine Weise auf, daß ihn Musik stören statt ergötzen könnte, wieso kann ihm die Nacht mit Desdemona Kopfschmerzen bereitet haben? Das wäre doch nach einer befriedigenden ersten Liebesnacht völlig unsinnig.«

»Halt, halt, halt, lieber Berenson! Hier schießen Sie übers Ziel hinaus. In dieser Szene ist von Kopfschmerzen nicht die Rede, und die Kopfschmerzen, die in der späteren Taschentuchszene vorkommen, sind von Othello vorgetäuscht.«

»Ich war noch nicht ganz fertig, lieber Müller-Graf, hier geht die Szene nämlich mit jenen Zeilen zwischen dem Clown und den Musikanten weiter, vor denen Baudissin wohl kapitulierte und die daher hier fehlen, sehen Sie.«

Er legte den deutschen Text beiseite, nahm das Original zur Hand und schlug dort die Stelle auf: »Hier aber geht es weiter, hören Sie. Ich kann nur unvollkommen und wörtlich übersetzen:

CLOWN:
Sind dies, ich bitt' euch, Blasinstrumente?
ERSTER MUSIKER:
In der Tat, das sind sie, Herr.
CLOWN:
Oh, da hängt ja ein Schwanz (tail). (wobei er offensichtlich von der herabhängenden Flöte eines Dudelsacks spricht)

ERSTER MUSIKER:
Wo hängt da eine Geschichte (tale)*, Herr?*
CLOWN:
Nun, Herr, an vielen Blasinstrumenten, die ich kenne.

Berenson klappte das Buch zu und schaute den Schauspieler an. Der lächelte säuerlich amüsiert und sagte: »Ich fürchte, Sie entwickeln hier eine schmutzige Phantasie. Das hätte ich Ihnen nicht zugetraut.«

»Ich glaube«, entgegnete Berenson unbeirrt, »Shakespeare hat hier eine schmutzige Phantasie, die aber, wie wir wissen, bei ihm nie absichtslos ist. Er war als Elisabethaner eben viel handfester als unsere Shakespeare-Übersetzer, die Romantiker. Was konnte der Clown gesehen haben, um so einen Satz zu sagen, daß er schon von vielen Instrumenten Schwänze hat hängen sehen? Hatte er vielleicht während der Hochzeitsnacht in der Erwartung durchs Schlüsselloch geschaut, der Mohr werde seine Schuldigkeit tun, besser als ein Weißer? Der Clown hätte dann vielleicht gesehen, daß Othello Desdemona nicht vollzugsbereit aufs Lager warf, sondern sie wie eine Göttin, auf eine rituelle Weise quasi, anbetete, den sexuellen Vollzug hinauszögerte oder gar überhaupt nicht vornahm, zumindest nicht in jener ersten Nacht auf Zypern.«

Müller-Graf seufzte und sagte, ungläubig den Kopf schüttelnd: »Das alles könnte Shakespeare gemeint haben, eindeutig geschrieben hat er es nicht. Aber wenn es tatsächlich so wäre, wenn Othello seine Desdemona so hoch ansiedelt, sie wie eine Göttin liebt und nicht wie eine Frau, wie vollziehen Sie denn den Abstieg von dem Sockel, auf den er sie gestellt hat, zu der sehr unheiligen Tat, daß er sie nämlich ein paar Tage später umbringt?«

»Eben weil es weniger Eifersucht als Enttäuschung darüber war, daß er sie nicht mehr als seine Göttin sehen konnte, auf die er sein Leben verpfändet hatte, nachdem Jago ihn mit seinen gemeinen Bildern und seinen falschen Beweisen der Untreue in die Niederungen der Eifersucht heruntergezogen hat.«

»Also doch Eifersucht«, warf Müller-Graf ein, »es ist ja auch oft und mit Recht gefragt worden, wieso Othello sich ungleich gläubiger auf Jagos lügenhafte ›Beweise‹ verläßt als auf Desdemonas rührende Beteuerungen. Aber Eifersucht ist nun einmal irrational, sie braucht keine beweisbaren Gründe, sie nährt sich von den Bildern der Phantasie.«

»Das ist richtig, und Sie haben sicher recht, wenn Sie sich mit Händen und Füßen an die Eifersucht, das ›*grünäugige Monster*‹, klammern. Sie sind diesem Motiv auf Gedeih und Verderb ausgeliefert, denn es wird Ihnen mit großer Wahrscheinlichkeit eine minimale Strafe oder gar einen Freispruch im Prozeß einbringen.

Dennoch würde es mir gefallen, wenn Sie meinem Argument wider die Eifersucht noch einen Schritt weiter folgen würden. Ich glaube, daß die Tragik Othellos in seiner eigenen Unsicherheit liegt, die ihn Desdemona gegenüber nie verläßt. Das hat mit dem Bewußtsein der rassischen und gesellschaftlichen Verschiedenheit zu tun, und daher erklärt sich auch das Vertrauen Othellos in den Soldaten Jago. Othellos Vertrauen in Desdemona ist kein zwischen Liebenden gewachsenes Gefühl, sondern der riskante soldatische Entschluß, auf die kurze Liebe seine gesamte Existenz aufzubauen, und daher muß dieser Verlust weniger durch die Enttäuschung, die ihm Desdemona bereitet, als durch den eigenen Irrtum sein Bild von der Welt zusammenstürzen lassen.«

Berenson nahm den Reclam-Band wieder auf, blätterte darin, fand die gesuchte Stelle und las:

»›*Gefiel' es Gott,*
Durch Trübsal mich zu prüfen, göss' er Schmach
Und jede Kränkung auf mein nacktes Haupt,
Versenkt' in Armut mich bis an die Lippen.
Schlüg' samt der letzten Hoffnung mich in
  Fesseln,
Doch fänd' ich wohl in einem Herzenswinkel
Ein Tröpfchen von Geduld; selbst mich zu
  machen
Zum festen Bilde für die Zeit des Hohns,

*Mit langsam drehndem Finger drauf zu weisen;
Auch dies noch könnt' ich tragen, sehr, sehr
wohl ...‹*

Sie sehen, Othello ist nicht der von Eifersucht geplagte Liebende, sondern der sich um seine gesamte Existenz betrogen Glaubende. Dies macht ihn groß, macht ihn zum tragischen Helden. Mit der Schande des betrogenen Ehemanns, auf den man mit dem Finger weist, könnte er weiterleben, selbst mit dem Verlust der Ehre, die ihm als Soldat wichtig sein muß, aber mit der Enttäuschung, die er durch Desdemonas vermeintlichen Verrat erleidet, kann er nicht weiterleben. Das hat also viel weniger mit Eifersucht zu tun als mit unendlicher Verzweiflung über den totalen Verlust aller Werte.«

»Sie haben ja schon überdeutlich gesagt, worauf Sie hinauswollen, Herr Berenson, Sie glauben das Tatmotiv der Eifersucht weder Shakespeares Othello noch mir selbst?«

»Das haben *Sie* jetzt gesagt, aber ich gebe es zu: Ich glaube, daß sich die Eifersucht gewöhnlich erst einmal gegen den Liebhaber wendet und dann erst gegen die untreue Partnerin. Aber Sie haben ja Ihren flüchtigen Rivalen nicht identifizieren oder gar dingfest machen können. Wie ärgerlich!

Und dann: Othello kannte Desdemona, die gerade Sechzehn- oder Achtzehnjährige, nur einige wenige Wochen. Erklären Sie mir bitte, wie wahrscheinlich ist Eifersucht als Tatmotiv für einen Ehemann, der seit zwanzig Jahren verheiratet ist und der, wie man weiß, eine nicht gerade als glücklich zu bezeichnende Ehe führt?«

Müller-Graf biß sich auf die Lippen. Er verfluchte seine Unüberlegtheit, sich mit einem alten Fuchs wie Berenson auf solch eine Schachpartie eingelassen zu haben. Er spürte die Überlegenheit Berensons, er hätte gerne diese Unterhaltung abgebrochen, aber er scheute auch die Niederlage und versuchte sich zu wehren:

»Woher nehmen Sie die Gewißheit, daß Eifersucht in einer jahrelangen Ehe nicht zu einem gewaltsamen Ausbruch führen kann?«

»Aber doch kaum von solcher Heftigkeit, daß er mit Mord und Totschlag endet!« sagte Berenson. Er nahm den schwarzen König vom Schachbrett und schaute die Figur aufmerksam von allen Seiten an, als könne sie ihm etwas verraten, und fuhr fort:

»Vielleicht glauben Sie mir nicht, aber ich bin durchaus nicht als Ihr Richter zu Ihnen gekommen. Was immer uns trennen mag, ich halte Sie für einen ernsthaften Künstler, der sich in privates Unglück verstrickt hat, und daher wollte ich Ihnen helfen. Nehmen wir doch einmal an, Staatsanwalt und Richter glauben Ihnen Ihr Eifersuchtsmotiv so wenig, wie ich es Ihnen glaube, was macht Ihr Verteidiger dann?«

»Sehr verehrter Herr Berenson«, sagte Müller-Graf verbissen, »im Gegensatz zu Ihnen glaubt mir mein Verteidiger, und auch ich habe vollstes Vertrauen zu ihm. Aber bitte: Sie bezweifeln, daß meine Tat aus Eifersucht geschah. Was könnte denn Ihrer Meinung nach das Tatmotiv sein?«

»Ich kann mir durchaus mehrere Motive vorstellen«, sagte Berenson, »gehen wir von der banalsten Möglichkeit aus, das wäre doch die klassische Situation: Verheirateter Mann mittleren Alters hat junge Geliebte, Frau will keine Scheidung, Geliebte setzt Ehemann unter Druck, Ehemann plant allein oder mit Geliebter als Komplizin die Beseitigung der Ehefrau usw. usw. Aber das würde nicht zu Ihnen passen. Das würde Ihre Intelligenz beleidigen. Dann wäre das Eifersuchtsmotiv ja schon einleuchtender. Ich glaube eben weniger an die Eifersucht des Othello als an die Phantasie des Schauspielers!«

Müller-Graf war blaß geworden und atmete schwer. »Hören Sie auf, Berenson, wir spielen nicht weiter, es genügt!«

»Entschuldigen Sie, Müller-Graf«, der Kritiker klang auf einmal sehr mild, »ich erwartete von Ihnen kein Geständnis, wie gesagt, ich bin nicht Ihr Richter.«

Es entstand eine endlose Pause. Es war dämmrig geworden in dem großen Raum.

Berenson sagte: »Sie wissen besser als ich, wie

der Monolog Othellos weitergeht, den ich Ihnen eben vorgelesen habe. Nach:

›*Auch dies noch könnt' ich tragen, sehr, sehr wohl ...*‹

heißt es:

›*Doch da, wo ich mein Herz als Schatz verwahrt,*
Wo ich muß leben oder gar nicht leben;
Der Quell, aus dem mein Leben strömen muß,
Sonst ganz versiegen – da vertrieben sein ...‹«

Müller-Graf hatte die letzten Worte leise mitgesprochen. »*Wo ich leben muß oder gar nicht leben ...*«, murmelte er nachdenklich.

»Jene letzten Shakespeare-Zeilen berühren mich tief«, sagte Berenson, »aber aus einem ganz anderen Grunde, als Sie wissen können. Ich werde Deutschland verlassen, das Land, das ich liebe, wo ich, wie ich glaubte, ›*leben muß oder gar nicht leben ... da vertrieben sein ...*‹«

»Da sehen Sie«, sagte Müller-Graf bitter lächelnd, »was man in Shakespeare alles hinein- und was man aus ihm herauslesen kann.«

Doch Berenson ging nicht mehr auf ihn ein: »Ich werde über Sie, Ihren Prozeß und Ihre Karriere nicht mehr schreiben können. Die Zeitschrift, für die ich arbeite, wird ab der nächsten Woche nicht mehr erscheinen. Daher können Sie unbesorgt sein, von mir droht Ihnen kein Unheil mehr, was immer Sie mir auch anvertrauen mögen.«

Müller-Graf hatte aufgeblickt, und Berenson sah ihm seinerseits fest in die Augen. Schließlich senkte der Schauspieler den Blick, und Berenson konnte nicht vermeiden, daß seine Worte verächtlich klangen:

»Ich nehme an, Sie werden sich mit den neuen Machthabern arrangieren, Sie sind Arier, ein Deutscher, wie er sein soll. Ich durfte im Krieg zwar die Knochen für dieses schöne Land hinhalten, aber jetzt ist unsereiner nicht mehr erwünscht.«

Müller-Graf schaute betroffen drein, während Berenson weitersprach:

»Ich glaube, Sie haben inzwischen verstanden, weshalb ich wirklich hier bin. Was ich von Ihnen erwartete, war letzten Endes nur das eine: Ich wollte, daß Sie das Theater nicht benützen, um eine billige Kriminalgeschichte daraus zu machen. Daß Sie die Ehre des Theaters retten und – Ihre eigene!«

Berenson erhob sich mit etwas Mühe, weil sich vom langen Sitzen sein Knie nicht so schnell strecken ließ. Doch nun stand er hoch aufgerichtet da, schaute auf Müller-Graf hinab, der zusammengesunken in seinem Sessel saß und mit leerem Blick auf das Schachspiel starrte. Er hob unendlich langsam die Hand, sie bewegte sich wie an einer Marionettenschnur zu der Figur des schwarzen Königs, tippte sie mit dem Zeigefinger an, so daß sie langsam umfiel, ein kleines Stück weiterrollte und, noch einige Sekunden lang schaukelnd, liegenblieb.

Berenson nickte ein paarmal und zog den Kneifer von der Nase. Dann drehte er sich grußlos um und ging, leicht hinkend, hinaus.

Eine Woche später begann der Prozeß. Er erregte weniger Aufsehen, als man hätte erwarten können, aber die Geschichte war von der Presse immer und immer wieder durch die Schlagzeilen gepeitscht worden, so daß die öffentliche Meinung längst feststand: Müller-Graf würde freigesprochen werden, da gab es keinen Zweifel.

Dennoch war der Saal vom ersten Tag an überfüllt, auch vor dem Gerichtsgebäude drängten sich Neugierige; Reporter und Photographen stürzten sich auf die als Zeugen geladenen prominenten Kollegen Müller-Grafs. Die Verhandlung schleppte sich über eine Woche lang hin mit den Zeugenaussagen, dem Kreuzverhör des Staatsanwalts, dem der Angeklagte sich stellte. Müller-Graf verteidigte sich mit Geschick, er überzeugte durchaus als der zerknirscht Reuige, doch der genaue Beobachter konnte sich nicht ganz des Eindrucks erwehren, daß der Schauspieler eine gut einstudierte Rolle spielte.

Der erste der beiden vom Gericht bestellten Sachverständigen erhob leise Zweifel an der von der

Verteidigung vertretenen Unzurechnungsfähigkeit des Angeklagten. Schauspieler seien schließlich intelligente Menschen, die durchaus die Grenzen der Identifikation mit der Rolle kennen und respektieren, sonst wären sie ja samt und sonders potentielle Verbrecher.

Der zweite Sachverständige hingegen, Professor Schulz, ein Psychiater, der während des Haarmann-Prozesses Berühmtheit erlangt hatte, vertrat die These, die Identifizierung des Darstellers mit seiner Rolle sei durch den gleichzeitigen privaten Untreueverdacht gegenüber der Ehefrau so total geworden, daß nach der Mordtat auf der Bühne die Tötungshemmung des Schauspielers für eine gewisse Zeit nach der Aufführung außer Kraft gesetzt war, so daß der Zustand der Unzurechnungsfähigkeit hier sogar in besonderem Maße gegeben sei. Eine Interpretation, der das Publikum und das Gericht zu folgen schienen.

Am entscheidenden Prozeßtag würdigte selbst der Staatsanwalt den Angeklagten als charakterlich unbescholtenen Künstler und empfahl mit großer Milde eine Mindeststrafe für die offensichtlich im Affekt begangene Tat. Der Verteidiger, Dietmar von Meyrink, hielt das erwartete Plädoyer und forderte Freispruch wegen erwiesener Unzurechnungsfähigkeit zum Zeitpunkt der Tat. Das Erwachen aus dem Zustand dieser geistigen Verwirrung sei gewiß grausam gewesen und doch wohl Strafe genug. Müller-Graf habe bei der Wiederkehr seiner geistigen Klarheit in seiner Verzweiflung versucht, sich das Leben zu nehmen, und man wisse nicht, ob man ihn darob beneiden könne, daß dieser Versuch mißglückt sei.

Der Vorsitzende Richter schloß die Plädoyers mit verständnisvollen, menschlichen Worten ab und überließ dem Angeklagten das ihm gebührende letzte Wort.

Als Müller-Graf sich langsam erhob, wurde es still im Gerichtssaal, und er begann kaum hörbar zu sprechen:

»Hohes Gericht, ich danke für die Milde, die mir widerfahren soll, aber ich habe mich entschlossen, ein Geständnis abzulegen. Ich bekenne mich des Mordes an meiner Frau schuldig. Ich bitte alle um Entschuldigung, die ich durch die falsche Darstellung meiner Tat getäuscht habe. Vor allem meinen Anwalt, den ich über das wahre Motiv im unklaren gelassen habe.«

Bei den letzten Worten Müller-Grafs war ein Raunen durch den Saal gegangen, das nun anschwoll und von der Glocke des Vorsitzenden zum Verstummen gebracht werden mußte.

Müller-Graf fuhr fort: »Ich gestehe, daß ich zum Zeitpunkt der Tat im Vollbesitz meiner geistigen Kräfte war. Mir war bekannt, daß eine Eifersuchtstat nach der unmittelbar vorher gespielten Rolle des Othello ein strafmildernder Umstand mit der fast sicheren Aussicht auf Freispruch war. Ich habe dieses Wissen ausgenutzt. Meine Tat war eine vorsätzliche Tat. Ich habe die Rolle des Othello nur gespielt, um diese Situation der Eifersuchtstat durch einen unzurechnungsfähigen Täter herzustellen und meine Frau ohne Risiko für mein eigenes Leben umzubringen. Dieses von langer Hand vorbereitete Verbrechen erfüllt den Tatbestand des vorsätzlichen Mordes.

Ich hatte meiner Frau verschwiegen, daß am 6. Dezember des vorigen Jahres, am Sankt-Nikolaus-Tag, die OTHELLO-Vorstellung eine Stunde früher begann, um daraus die Situation zu konstruieren, diese eine Stunde früher nach Hause zu kommen und meine Frau in flagranti beim Ehebruch zu überraschen. Den Liebhaber, den ich bei ihr fand und der sich unerkannt davonmachen konnte, hat es nicht gegeben.

Auch mein Verhalten nach der Tat war sehr gut überlegt: das Herumirren in der Nacht, der Selbstmordversuch am Hundekehlsee. Ich habe dort zwar eine Lungenentzündung riskiert, aber nicht so viel, daß man mich nicht rechtzeitig bemerkt und gerettet hätte.

Ich habe geglaubt, daß ich das Gericht täuschen könnte, aber ich habe *einen* Menschen nicht täuschen können, der abwesend ist und dem ich den Mut zu diesem Geständnis verdanke.

Aber mein Motiv war nicht niedrig. Es war kein

heimtückischer Mord. Ich liebte meine Frau. Aber wir führten seit zehn Jahren eine höchst unglückliche Ehe. Sie machte mir allmählich das Leben zur Hölle. Immer wieder warf sie mir vor, ich hätte ihr Leben zerstört, weil ich sie zur Aufgabe ihres Berufs als Schauspielerin gezwungen hätte, was nicht stimmte.

Nicht ich war der eifersüchtige Othello, als der ich sie mehr oder weniger ungestraft hatte töten können. Sie war krankhaft eifersüchtig. Eifersüchtig auf meine Erfolge, jede Partnerin, die ich zwangsläufig im Theater hatte, auf jede Mitarbeiterin, jede Sekretärin und jedes weibliche Wesen in meiner Nähe, ja, selbst auf meine Freunde. Sie kontrollierte mich, ließ mir nachspionieren, sie quälte mich auf jede nur erdenkliche Weise. Als ich ihr die Scheidung vorschlug, unternahm sie einen Selbstmordversuch. Sie begann zu trinken, wurde Alkoholikerin, sie stellte mich als Versager und ›Schlappschwanz‹ hin, sie erniedrigte mich gegenüber allen Kollegen und drohte mir, mich in aller Öffentlichkeit bloßzustellen.

So kam mir eines Nachts nach einem furchtbaren Ehestreit, der, nicht zum ersten Male, in Tätlichkeit auszuarten drohte, die Idee, den Othello zu spielen, um mich mehr oder weniger ungestraft von ihr befreien zu können. Das Schlimme war, daß ich sie immer noch auf eine mir unerklärliche Weise liebte. Ja, ich liebte sie. Ich liebte sie, und ich habe sie umgebracht. Ich wünschte mir verzweifelt, sie tot zu sehen, tot, stumm, unfähig, mich mit ihren Blicken zu verfolgen, mich mit ihrem Lachen lächerlich zu machen, mich mit ihren Verdächtigungen zum Wahnsinn und in die Gewalttätigkeit zu treiben, die dann, wenn keine Worte mehr fruchten, der letzte, verzweifelte Ausweg ist.

Und als sie endlich tot vor mir lag, liebte ich sie wieder so wie das junge Mädchen, als das ich sie einst kennengelernt hatte. Hohes Gericht, ich weiß, mir gebührt die härteste Strafe, die für einen solchen Fall zur Anwendung gebracht werden kann. Der Gesetzgeber hätte dem Affekttäter Schuldminderung oder sogar Schuldunfähigkeit zugestanden, die dem Mörder aus Vorsatz nicht angerechnet werden können. Ich habe in meinem jüngeren Leben maßlose Eifersucht gekannt, aber jene Schmerzen waren harmlose Nadelstiche, verglichen mit den Qualen, die ich in den letzten zehn Jahren meiner Ehe erlitten habe. Ich weiß, sie verdienen keine Gnade, aber sie sind ein mildernder Umstand, den zu gewähren ich dieses Gericht nicht bitten werde.«

Alle im Saal hatten den Worten des Angeklagten in atemloser Spannung gelauscht und dachten nun, daß die Selbstanklage zu Ende war, aber Müller-Graf hob die Hand zum Zeichen, daß er noch etwas sagen wollte. Die zuvor zur Schau gestellte Haltung des gebückten Reuigen fiel von ihm ab, er reckte sich auf und wurde wieder der sich seiner Wirkung bewußte Schauspieler, der die Bühne nicht ohne seinen letzten großen Coup de Théâtre verlassen wollte. In das entstehende Schweigen hinein hörte man ihn die Schlußrede Othellos, an deren Ende dieser sich ersticht, mit der tiefen Stimme intonieren, die er sich für die Rolle zurechtgelegt hatte:

*»Gemach! – Nur noch zwei Worte, eh' ihr geht.
Wenn ihr von diesem Unheil Kunde gebt,
Sprecht von mir, wie ich bin – verkleinert nichts
Noch setzt in Bosheit zu. Dann müßt ihr melden
Von einem, der nicht klug, doch zu sehr liebte,
Nicht leicht argwöhnte, doch einmal erregt,
Unendlich raste; von einem, dessen Hand,
Dem niedern Inder gleich, die Perle wegwarf,
Mehr wert als all sein Volk;
Und fügt hinzu: daß in Aleppo, wo
Ein gift'ger Türk' in hohem Turban einst
'nen Venezianer schlug und schalt den Staat –
Ich den beschnitt'nen Hund am Hals ergriff
Und traf ihn – so!«*

Bei diesen letzten Worten packte er den Schutzmann, der neben ihm stand, mit der Linken um den Hals, der versuchte sich mit beiden Händen aus dem Griff zu lösen, jedoch bevor jemand eingreifen konnte, zog der Schauspieler mit der Rechten die Waffe des Beamten aus dem Pistolenhalfter, setzte sie, den Hahn spannend, an die eigene Schläfe und drückte ab.

Fast genau zur gleichen Zeit spielte die Blaskapelle am Bremerhavener Hafenkai die alte, heiter klingende Weise, die schon so viele Abschiedstränen hat fließen sehen: »Muß i denn, muß i denn zum Städtele hinaus ...«, während Jacob Berenson etwas mühsam die lange, steile, leicht schwankende Gangway des Ozeandampfers hinaufstieg, der ihn in die Emigration führen sollte.

Erst Monate später erfuhr er in Amerika von Müller-Grafs gewaltsamem Ende und entschloß sich, das Gespräch, das er an jenem Sonntagnachmittag in dem Haus im Grunewald mit ihm geführt hatte, aufzuzeichnen. Es wurde erst in den fünfziger Jahren in seinem Nachlaß gefunden.

Der Photograph von San Marco

Wenn man vom Markusplatz kommend über den hölzernen Ponte dell'Accademia den Canal Grande überquert, sich links hält und durch eine lange, schmale Gasse auf den Campo San Polo zugeht, übersieht man leicht einen winzigen Photoladen auf der rechten Straßenseite. In dem kleinen Schaufenster sind einige Photos ausgestellt, ein paar alte Photoapparate und mehrere Venedigbroschüren. Eine davon zeigt auf dem Titelblatt eine alte Photographie, auf der der würdige Campanile von San Marco ganz unwürdig verzerrt, aufgerissen, im Einsturz begriffen dargestellt ist. Neugierig geworden, trat ich eines Tages in den Laden, um jene Broschüre zu erstehen.

So erfuhr ich denn, daß der Campanile, auf den die Venezianer seit über tausend Jahren stolz sind und den sie liebevoll »El parón de casa« nennen, was so viel wie »Herr des Hauses« heißt, und dessen unerschütterliche Festigkeit sie jahrhundertelang als Garanten für alle möglichen Versprechen oder gar Verträge benützten, daß also dieser schöne, stolze Turm am 15. Juli 1902, um 9 Uhr 47, eingestürzt war. Ich wunderte mich, daß diese Tatsache so wenig bekannt war. Ich konnte mich nicht erinnern, daß einer der herkömmlichen Touristenführer den Einsturz, der ja doch ein außerordentliches Ereignis in der Geschichte Venedigs gewesen sein mußte, überhaupt erwähnt hätte. Und nicht nur das erschien mir merkwürdig. Ich fragte mich, wie es denn möglich war, daß ein Photograph zu jener Zeit, in der die Photographie noch in den Kinderschuhen steckte, ein solches Sensationsphoto machen konnte. Ich begab mich auf den Markusplatz und versuchte, den Punkt ausfindig zu machen, von dem aus der begabte Photograph jene Aufnahme gemacht haben konnte. Bald stellte ich fest, daß es diesen Punkt nicht gab, nicht geben konnte. Keine Photolinse der damaligen Zeit hätte den Campanile aus dieser Nähe von der Basis bis zur Turmspitze auf die Platte bringen können. Ich war einer Fälschung auf der Spur.

Wenig später saß ich an einem Tisch vor dem Café Florian, trank einen Cappuccino und zeichnete auf der Photographie die Linien ein, die die verschiedenen Teile der »Photomontage«, um die es sich handeln mußte, hätten sein können. Da hörte ich dicht hinter mir ein freundlich-spöttisches Lachen, und eine Stimme sagte: »Sieh an, sieh an! Wieder einer der Touristen, die jedes Jahr dieses Photo als Fälschung erkennen!« Ich drehte mich um und sah einen sehr alten Mann im weißen Leinenanzug und mit einem breitrandigen Panamahut auf dem faltigen Charakterkopf. Sehr helle blaue Augen blickten mich freundlich an. »Sie werden sich sicher fragen, warum es nie öffentlich als Fälschung angeprangert wurde«, fuhr er fort, »und warum man in Venedig überhaupt so wenig über den Einsturz des Campanile spricht. Wenn es Sie interessiert, ich kann Ihnen diese Fragen beantworten. – Entschuldigen Sie bitte meine Aufdringlichkeit!« unterbrach er sich, aber er hatte mich schon am Haken. Ich stellte mich vor und erfuhr, daß ich mit einem wahrhaftigen Geschichtsprofessor sprach, seit langen Jahren emeritiert. Der »Professore« lud mich ein, zu ihm hinaufzukommen, er wohne nur »a due passi«, zwei Schritte, von hier.

Wir saßen lange in seiner Bibliothek. Bis auf die Fenster waren alle Wände bis an die kostbar kassettierte Decke mit Regalen voller Bücher bedeckt. Er bot mir ein Gläschen Marsala an, einen süßen bräunlichen Wein, der etwas an Portwein erinnert, und er begann zu erzählen.

Es ist Sonntag, der 13. Juli 1902. Seit vier Tagen schiebt der Photograph Antonio Baghetto im Morgengrauen sein Wägelchen zum Markusplatz, an die Schmalseite des Platzes gegenüber der Basilika. Er schnallt das Stativ ab, stellt es auf, befestigt seine schwere Goerz-Anschütz auf dem Stativ, hängt das schwarze Tuch über Apparat und Kopf und richtet das Objektiv wie jeden Morgen dieser letzten

Tage auf den Campanile. Der Platz ist noch menschenleer, nur die ersten Tauben segeln von ihren Dächern und Firsten auf das Pflaster hinunter und picken die letzten Körner vom Vortag auf.

Seit vier Tagen sind die Gerüchte über den schlechten Zustand des Campanile Gegenstand handfester Streitartikel in der Gazzetta di Venezia und anderen Zeitungen. Für die einen ist der Gedanke, daß der tausend Jahre alte Glockenturm gefährdet sein könnte, eine reine Unmöglichkeit: Für einen echten Venezianer ist nichts so fest, nichts so ewig wie der Campanile. Und jetzt soll er krank sein, hinfällig, baufällig gar?! Nur wegen der paar Risse im Gemäuer? Von denen wurde schon zu Marco Polos Zeiten berichtet. Gibt es doch kaum eine Kirche, einen Palast in Venedig, die nicht irgendwelche Risse aufweisen. Doch andere Stimmen werden lauter, die von Statik, Materialermüdung und Senkung der Fundamente reden, wie Ingenieur Torri, der Leiter des Bauamtes, der jeden Tag eine lange Feuerwehrleiter anlegen läßt und selbst besteigt, um die Risse in Augenschein zu nehmen und mit dem Zollstock Veränderungen in der Breite zu messen. Der Stadtrat hat eine Kommission eingesetzt, die nun seit einer Woche ein tägliches Bulletin herausgibt, wie bei einem illustren Kranken. Immer noch stehen die skeptischen Venezianer dabei und machen spöttische Bemerkungen, wenn die Kommission sich wichtigtuerisch zur Besichtigung des »Patienten« begibt. Antonio Baghetto ist einer der beiden Photographen, die sich seit vielen Jahren das Photographieren der Touristen auf dem Markusplatz teilen. Der andere, Rino Zago, Antonios Konkurrent, hält die Ostseite des Platzes besetzt, postiert seine Kunden auf Verabredung vor die Basilika oder die Loggietta oder mit dem Rücken gegen die Riva dei Schiavoni, so daß man als Hintergrund die beiden Säulen am alten Hafen und in der Mitte dahinter die Insel mit der Kirche San Giorgio Maggiore sieht.

Antonio Baghettos Hauptmotiv für seine Touristenphotos ist hingegen die Basilika mit den vielen Kuppeln und der Campanile. Touristen zu photographieren ist für ihn nur der alltägliche Broterwerb, denn er ist ein Künstler. Sein Vater und Großvater waren Glasbläser in Murano, er, Antonio, ist gelernter Linsenschleifer. Durch diesen Beruf ist er dann zu der neuen Kunst, der Photographie, gekommen. In seiner Freizeit, und das sind die langen Wintermonate, wenn die Touristen und Hochzeitspärchen Venedig fernbleiben, zieht er seinen Wagen durch die Straßen und über die kleinen Brücken und sucht die alten Motive Canalettos. Keinen Maler bewundert Antonio so sehr wie diesen Giovanni Antonio Canal, den schon sein Vater so verehrte, daß er ihm, Antonio, dessen Taufnamen gab. Das Gerücht, daß Canaletto für die Aufrisse seiner in der Tat unglaublich genauen Perspektiven eine Art Camera obscura benutzt hätte, tut Antonios Bewunderung für diesen berühmten Venezianer keinen Abbruch. Ganz im Gegenteil.

Antonio versucht sich auch, und das ist sein Hobby, im Photographieren von Blumen, Vögeln und Insekten, doch ist dies noch brotlose Kunst, auch wenn er heute als ein Pionier der Pflanzen- und Tierphotographie gilt.

Doch der Gedanke, daß der Campanile von San Marco tatsächlich gefährdet sein könnte, hat Antonio Baghetto auf die Idee gebracht, daß er das Ereignis, sollte es eintreten, auf seine Platte bannen müsse. Daher also steht er seit vier Tagen beim ersten Hahnenschrei auf und betet insgeheim, daß, wenn der Einsturz geschähe, dieser nicht während der Nacht erfolgen möge, denn die Nacht war damals noch die Feindin der Photographie.

Sein Konkurrent von der anderen Seite des Platzes, Rino Zago, hat natürlich mitbekommen, daß Antonio seit Tagen von früh bis spät nur den Campanile im Objektiv behält, und lacht sich ins Fäustchen; er läßt sich von dem Gerede um den bevorstehenden Einsturz des Turms nicht ins Bockshorn jagen und fährt fort, mit dem Photographieren von Touristen Geld zu verdienen, und er stellt vergnügt fest, daß die Marotte Antonios ihm, Rino Zago, zusätzliche Kunden beschert, die sich von Antonio vernachlässigt sehen.

Der verbringt wieder den ganzen Sonntag auf seinem Stühlchen hinter seinem Apparat, er schwitzt und flucht auch schon einmal, aber dann wird ihm wieder bewußt, daß er das Unglück eigentlich gar nicht herbeiwünscht. Der Streit um den Campanile ist in diesen letzten Tagen auf seinem Höhepunkt. Die »Campanile-Kommission« hat beschlossen, daß das Läuten der Glocken Venedigs und der Kanonenschuß, der die neunte Stunde ankündigt, für das Wochenende untersagt werden, und auch das angekündigte Konzert der Militärkapelle auf dem Platz darf nicht stattfinden.

Als Antonio Baghetto am nächsten Morgen auf den Markusplatz kommt, bemerkt er eine noch größere Stille als sonst. Es ist nicht das Fehlen des Glockengeläuts an diesem Montag morgen, er stellt fest, daß nicht eine einzige Taube sich bisher auf dem Platz eingefunden hat. Er fühlt eine seltsame Beklemmung, und sein Herz schlägt die ganze Zeit schneller. Etwas liegt in der Luft. Sollte es wirklich geschehen, sollte der Turm wirklich einstürzen? Antonio merkt, daß seine Beklemmung Angst ist. Er muß sich regelrecht einreden, daß die Entfernung zum fast neunzig Meter hohen Turm doch zu beträchtlich ist, als daß ihn die Trümmer hier erreichen könnten. Antonio hat sich, wie jeden Morgen, eine GAZZETTA gekauft und liest besorgt die Schlagzeile: IL GRAVISSIMO ALLARME PER IL CAMPANILE DI S. MARCO. Gegen 8 Uhr 30 trifft unter der Führung von Stadtbaumeister Torri und dem Ingenieur Gaspari, dem Polizeichef, ein kleiner Trupp von Feuerwehrmännern und Polizisten ein, der den Platz zum Dogenpalast hin absperrt. Kaum ist jedoch die achtzehn Meter hohe Leiter an den Turm gelegt, da rieseln schon kleine Steine und Mörtelschutt aus dem immer breiter klaffenden Spalt. Gaspari läßt seine Leute von der Leiter heruntersteigen. Dann wendet er sich an die Menge, die immer noch nicht glauben will, daß der Turm einstürzen könnte, und sich allzu nahe herangewagt hat. Mit Stentorstimme befiehlt er, daß der Platz geräumt werden müsse. Die Frühstücksgäste vor dem Café Florian werden von besorgten Kellnern gedrängt, ihre Mahlzeit zu beenden. Gegen neun Uhr haben sich doch schon fast tausend Neugierige eingefunden, die nun gegen das obere Ende des Platzes gedrängt werden, so daß Antonio immer wieder einige Schaulustige, die ihm die Sicht versperren, zur Seite bitten muß. Hat da jemand ans Stativ gestoßen? Schnell wirft sich Antonio noch einmal das schwarze Tuch über den Kopf, zieht die Bildplatte heraus, um zu kontrollieren, ob der Bildausschnitt stimmt, ob die Spitze des Campanile auf der Mattscheibe den unteren Bildrand berührt, denn für Antonio steht ja das Bild auf dem Kopf. Nichts hat sich verändert. Schnell schiebt Antonio die Platte in den Apparat, und sein Kopf taucht wiederum neben der Kamera auf.

Die Stille wird allmählich gespenstisch. Jetzt sieht man sogar von hier aus deutlich den großen

Riß oben im Turm, aus dem jetzt unaufhörlich Steinchen und Staub herunterrieseln.

Um 9 Uhr 47 ist es soweit: Ein unterirdisches Donnergrollen läßt den Platz erbeben. Antonios Hand hält die kleine Gummipumpe, die den Linsenverschluß öffnet, bereit, sie im richtigen Augenblick zu drücken. In diesem Augenblick ertönt ein langer Schrei der Menge:

Die Mitte des Turms dehnt sich wie eine aufgeblasene Flasche immer weiter in die Breite, dann schwankt das Turmdach zwei-, dreimal hin und her, hängt für einen Augenblick schief wie ein Clownshut, unter dem ungleichen Gewicht brechen die Säulchen vor dem Glockenstuhl wie Streichhölzer, schließlich sackt der ganze Turm wie eine müde alte Frau in sich selbst zusammen, mit einem Getöse, das den Aufschrei der Menge übertönt. Eine gewaltige Staubwolke ballt sich am Fuß des Turms, in welcher der von der Turmspitze abgebrochene und abwärts taumelnde goldene Engel verschwindet.

Genau im richtigen Augenblick hat Antonio den Verschluß geöffnet und wieder geschlossen. Danach breitet er das schwarze Tuch aus und bedeckt damit den ganzen Apparat, denn nun rast die riesige Staubwolke auf ihn zu, hüllt ihn ein. Er hält das Stativ mit beiden Armen umklammert, da auf einmal überall um ihn herum hustende, stolpernde, stürzende, schreiende, um sich schlagende Leiber in äußerster Panik auf ihn eindringen. Er hält die Kamera noch, als sie stürzt, doch dann treffen ihn Stöße an Armen und Beinen, auf dem Rücken, er hört, wie das Gehäuse des Photoapparates auf dem Pflaster zerschellt, Antonio schreit um sein Leben. Er hält schließlich nur noch das, was eben noch das schwarze Tuch war, in den Händen. Als sich die Menge verlaufen und die Staubwolke sich auf alles ringsherum als weißen Schleier gelegt hat, kniet Antonio am Boden, sucht, was von seinem Apparat übriggeblieben ist, zusammen, verstaut es auf seinem Wägelchen und macht sich auf den Heimweg. Er weint, und er weiß selbst nicht, ist es wegen seines wertvollen Photoapparates, wegen der entgangenen Gelegenheit, ein Jahrhundertphoto zu machen, oder wegen des eingestürzten Campaniles, der jetzt als großer Schutthaufen daliegt und den Platz unendlich leer erscheinen läßt, obwohl jetzt die Menschen wieder hindrängen, von der Polizei nicht zurückgehalten werden können. Die ersten laufen schon hinzu, sich einen Steinbrocken aus dem Schutt als Andenken zu sichern. Eine halbe Stunde später ist Antonio zurück und photographiert die Trümmer, macht Photos, die heute noch, neunzig Jahre später, den Einsturz des Campanile dokumentieren.

Doch ein Photo fehlt: Jenes eine, das Antonio zwar gemacht hat, das aber durch das Licht, das nach dem Fall auf das Pflaster und das Zertrampeln durch die Menge auf die Platte gefallen war, unwiederbringlich verloren bleibt.

Am späteren Nachmittag rufen die Zeitungsjungen auf Venedigs Straßen eine Extraausgabe über den Einsturz des Campanile aus. Es ist nur eine Doppelseite. Antonio kauft sie und sieht auf der Titelseite den »sensationellen, einmaligen Schnappschuß eines venezianischen Photographen«. Er traut seinen Augen nicht. Da prangt eine Aufnahme vom einstürzenden Campanile, ähnlich und doch ganz anders als Antonio es unauslöschlich in seinem Hirn festgehalten hat. Noch mehr staunt er aber, als er den Namen des Photographen liest, nämlich den seines ärgsten Konkurrenten Rino Zago. Antonio kann es nicht fassen. Er, Antonio Baghetto, und nur er, hat den einstürzenden Campanile photographiert. Die Leute reißen sich um das Extrablatt.

Das rätselhafte Photo sollte noch oft in den nächsten Tagen und Wochen in Zeitungen, Magazinen und Sonntagsillustrierten auf der ganzen Welt erscheinen. Doch Antonio weiß: Mit dem Photo kann etwas nicht stimmen! Ein Photo ohne Photographen, und dazu noch ein allzu perfektes Photo, was den Bildausschnitt betrifft. Antonio sitzt in seinem kleinen Atelier, starrt auf das Extrablatt mit dem Bild des einstürzenden Campanile und rätselt darüber nach, wie Zago zu diesem Photo gelangen konnte.

Er schneidet es aus, faltet es, schiebt es in die

Der Einsturz des Campanile

Tasche seiner Leinenjacke und macht sich auf den Weg. Ihm ist klar, es konnte nie und nimmer von der Seite des Torre dell'Orologio her aufgenommen worden sein, denn da waren es keine sechzig Meter bis zum Campanile. Von dort gesehen gab es kein Objektiv, das den ganzen Campanile, vom Sockel bis zur Turmspitze, hätte erfassen können. Zur Zeit des Einsturzes hätte sich darüber hinaus dort niemand hingewagt. Antonio hat bald den Standort gefunden, von dem aus die beiden Photos aufgenommen worden waren, die den Campanile rechts und links flankieren. Ein Fenster im dritten Stock gleich neben dem Orologio. Nur von da aus konnte man die beiden Säulen mit dem heiligen Georg und dem Markuslöwen so sehen, daß im Hintergrund die Insel mit der San-Giorgio-Kirche genau eingerahmt erschien. Aus dem gleichen Fenster heraus mußte auch der rechte Teil des Photos mit dem Palast der Prokuratien entstanden sein. Eine Photomontage also! Aber der Campanile!? Um ihn so aufzunehmen, daß man ihn in seiner ganzen Höhe sah, wie auf dem Photo, mußte der Photograph viel weiter zurückstehen, und das war nicht möglich, denn da war ja kein Platz, da standen Häuser. Der Trick war einfach: Zago hatte eine alte Aufnahme vom weiten Ende des Platzes her, wo er, Antonio, gestanden hatte, benützt, den Turm sozusagen um neunzig Grad gedreht und zwischen die beiden anderen Photos einkopiert. Er brauchte nur den Markuslöwen im Rechteck unter dem Giebel wegzuretuschieren und durch das Wappen zu ersetzen, eine schlampige Arbeit übrigens, wie Antonio mit der Lupe feststellte, und schließlich beim Entwickeln der Kopie den Turm so zu verzerren, daß er wie der sich auflösende Campanile mit etwas dickem Bauch und verbogener Spitze erschien. Dann fehlte nur noch der große Riß, ein paar herabfallende Steine und eine Staubwolke, mit Tusche eingezeichnet, und fertig war die Montage, fertig war die Fälschung. Antonio macht sich gleich daran, mit Hilfe alter Photos die gleiche Fälschung herzustellen. Nach ein paar Stunden Arbeit ist das Resultat nicht nur ähnlich, es ist besser als Zagos Fälschung.

Als sein Werk getrocknet ist, macht er sich auf den Weg zu Zago. Der staunt nicht wenig, als Antonio Baghetto, der ihm immer ein Dorn im Auge gewesen war, in sein Geschäft tritt. Antonio wirft sein Photo mit einem spöttischen Lächeln auf den Ladentisch und sagt: »Signor Zago, wenn Sie schon fälschen und für echt ausgeben, dann fälschen Sie doch bitte etwas besser, unserem Handwerk zuliebe!«

Man behauptet sogar, Zago hätte Antonio Baghettos Photo in der Folgezeit benützt, aber das ist heute wohl nicht mehr zu beweisen. Als sicher gilt hingegen, daß sich Antonio Baghetto und Rino Zago in verschiedenen Lagern befanden, als es um den Wiederaufbau des Turms ging. Von Antonio Baghetto haben wir sehr schöne Photos, die den Markusplatz zeigen, als die Trümmer des Campanile weggeräumt waren. Antonio war mit vielen Venezianern der Meinung, daß der Platz ohne Campanile weiter, majestätischer, ästhetischer aussah, nämlich so, wie er in seiner Frühzeit ausgesehen hatte. Wenn schon der Campanile wiederaufgebaut werden sollte, dann nicht auf dem Platz selbst, sondern seitlich so zurückgesetzt, daß er mit dem Prokuratiumspalast in einer Front läge, dort, wo sich die ebenfalls zerstörte Loggietta befand. Die Gegenpartei war der Meinung, der Campanile müsse genau so und genau dort wieder aufgebaut werden, wie und wo er tausend Jahre lang gestanden hatte.

Aber in Rino Zagos Broschüre über die Geschichte des Einsturzes ist kein Photo zu finden, auf dem der Platz von den Trümmern befreit, ohne den Campanile, zu sehen wäre, und bezeichnenderweise ist der Titel dieser Broschüre COM' ERA, DOV' ERA (Wie er war, wo er war).

So geschah's denn auch. Zehn Jahre später wurde der neue Campanile eingeweiht. Zwar steht er nun genau dort, wo er vorher gestanden hatte, doch hatte man einen kleinen Kompromiß schließen müssen. Aus statischen Gründen wurden das Fundament und auch die vier Seiten verbreitert, so daß der »neue Campanile« gesetzter, weniger schlank und elegant ausgefallen ist.

»Antonio Baghetto«, schloß der Professor seine Geschichte, »hat niemals mehr Touristenphotos gemacht, auch war er nicht zugegen, um das große pompöse Einweihungsfest des neuen Campanile zu photographieren. Ich besitze einige seiner Bücher mit wunderschönen Pflanzen- und Tierphotos: Kommen Sie, ich zeige sie Ihnen, wenn es Sie interessiert«, und er führte mich zu einer der hohen Bücherwände.

Es war spät geworden. Als ich mich von ihm verabschieden wollte, bot er mir an, daß ich mir als Geschenk ein Buch aus seiner Bibliothek aussuchen könne. Ich wollte ablehnen, aber er bestand darauf: »Sehen Sie«, sagte er, »ich bin alt, ich werde bald alle diese Bücher zurücklassen. Mir gefällt der Gedanke, daß Freunde das eine oder andere Buch mitnehmen. Sollten Sie Bücher lieben und sammeln, werden Sie es vielleicht eines Tages auch so halten.« Ich hatte bemerkt, daß er einen dicken Bildband über Canaletto zweimal besaß, und wählte einen der beiden. Er lächelte und sagte: »Besuchen Sie mich wieder einmal. Aber beeilen Sie sich.«

Als ich kaum zwei Jahre später in Venedig einen Film drehte, ging ich wieder in das Haus. Der Portier des Palazzos sagte mir, daß der Professore vor über einem halben Jahr gestorben war. Auf meine Bitte führte er mich hinauf und schloß die Wohnung auf. Sie war leer und eiskalt. Von den Wänden der Bibliothek gähnten die leeren Regale.

Der Besuch

Etwa vierzig Meilen westlich von Anzio liegt eine kleine Inselgruppe im Tyrrhenischen Meer, entfernt vom großen Tourismus und längst nicht so bekannt wie Capri oder Ischia: Die kleinste Insel heißt Palmarola, die größte und bedeutendste Ponza. Manche glauben, daß Ponza seinen Namen von Pontius Pilatus bekam. Andere wiederum behaupten, ihr Name käme vom »pierre ponce«, der französischen Bezeichnung des Bimssteins, den man auf der Insel findet.

Um sie von Rom aus zu erreichen, gibt es verschiedene Wege: Man nimmt in Fiumicino, dem kleinen Hafenort nördlich von Ostia, nach dem der römische Flughafen trotz seines offiziellen Namens »Leonardo da Vinci« immer noch genannt wird, ein Fährboot der Linie, die über Ponza nach Ischia, Capri und Sorrent führt, oder man kann mit dem Autobus nach Anzio, Formia oder Terracina fahren und von dort ein Aliscafo nehmen. Jedenfalls ist die kleine Inselgruppe von Rom aus in zweieinhalb bis drei Stunden zu erreichen, und man nähert sich dem wunderschönen Hafen Ponzas, an bizarren weißen Felsen und einem Inselchen mit einem einzigen weißen Haus vorbei, hoch oben liegt der kleine, romantische Friedhof auf dem steil ins Meer fallenden Felsen. Um den Leuchtturm herum fährt man in das eigentliche, von Vanvitelli geschwungen ausgebaute Hafenbecken. Nur sollte man dies nicht während der Sommermonate tun, da ist es ratsam, Ponza, wie so vieles in Italien, links liegenzulassen, denn der Hafen ist dann mit Hunderten von großen und kleinen Booten so verstopft, daß man ihn von Boot zu Boot, ohne sich die Füße naß zu machen, überqueren könnte. Im April aber oder noch im Mai, dann wieder im September und Oktober ist Ponza schön, vielleicht weniger lieblich als Capri, weniger einladend als Ischia, aber wilder, unberührter, auch wenn es damit leider bald vorbei sein wird. Denn noch ist Ponza keine reiche Insel, die kleine Kirche links oberhalb des Hafens besitzt keine Glocke, so daß der Pfarrer oder der Küster mit schnellen Schlägen auf einen Eisenstab die Gläubigen zum Gottesdienst rufen muß, als bimmelte er auf einer Baustelle zum Mittagessen. Selbst der Inselheilige, San Silverio, ist kein wirklicher Heiliger, sondern war irgendein Gegenpapst, der, so sagt man, vom Vatikan nie anerkannt worden ist.

Auch ist Ponza nicht so durchorganisiert wie andere Ferienorte. Es gibt kein Reisebüro oder Tourismuszentrum. Wer telefonieren will, muß dies an einem ungeschützten Wandtelefon vor der Post am Hafen tun.

Neulich habe ich Alfredo in seinem Haus in den Hügeln besucht. Er saß auf seiner Terrasse am neuen Swimmingpool und lud mich zum Schwimmen ein. Ich duschte mich danach in einer eleganten gläsernen Dusche und sagte zu ihm: »Eine schöne Dusche hast du da, sieht ein bißchen aus wie eine Telefonzelle.« Alfredo lachte laut auf: »Du hast ein gutes Auge! Das i s t eine Telefonzelle.« Die Post hatte diese, so hörte ich nun, vor längerer Zeit geliefert, und sie sollte am Hafen aufgestellt werden, aber das ging gegen den ästhetischen Sinn Alfredos: »Wir lassen uns doch unsern schönen Hafen nicht von der Post verschandeln!«

Wer nun ist Alfredo, daß er so reden kann? Er ist nicht Ponzas Bürgermeister, er ist auch in keiner Partei Mitglied und deshalb nicht einmal im Stadtrat. Er besitzt eine gutgehende Bar am Hafen, ein paar Häuser, er ist Mitbesitzer einiger Restaurants, er vermietet seinen Tennisplatz für unverschämtes Geld, und ihm gehört eine ganze Flotte von Schiffen aller Art, vom großen Fischerboot über einige sehr schnelle Motoryachten bis zu den kleinen Tuck-tuck-Booten, die er an die Touristen verchartert. Und so vielseitig sein Besitz ist, so undurchsichtig und verzweigt sind auch seine Geschäfte. Alfredo verkauft buchstäblich alles: von Schiffsmotoren bis zu geschmuggelten Zigaretten, von Baugrundstücken bis zu Armbanduhren. Dies alles aber nur, wenn man sich zu seinen Freunden zählen darf. Alfredos größter Feind auf der Insel ist denn auch der Kommandant der Guardia di Finanza, der Zollbehörde. Er hat Alfredo schon öfter geschworen, daß er ihn eines Tages mit der Hand im Sack, wie man in Italien sagt, also in flagranti, bei einem seiner Schmuggelgeschäfte erwischen werde. Aber bisher ist ihm das noch nicht gelungen. Man erzählt sich eine Geschichte, die Alfredo allerdings bestreitet und die sich schon vor Jahren und zur Dienstzeit des Vorgängers des jetzigen Comandante abgespielt haben soll. Alfredo hatte damals zwei junge Burschen, die sich schon seit längerer Zeit auf Ponza herumtrieben, lustige Typen, die sich mit Gelegenheitsarbeiten über Wasser hielten, beauftragt, eines seiner schnellsten Boote neu zu streichen. Mit dem frischlackierten Speedboat hatte sich Alfredo eines Abends auf Schmuggeltour zum Golf von Neapel begeben, um eine große Ladung illegaler Zigaretten an Bord zu nehmen. Als er sich in tiefer Nacht mit seiner Fracht vorsichtig auf Schleichwegen seinem Warenversteck auf der anderen Seite der Insel näherte, war er mehr als erstaunt, als das Polizeiboot auftauchte und ihn stoppte. Der damalige Kommandant, ein älterer, korpulenter und wenig ehrgeiziger Mann, bog sich vor Lachen, und Alfredo, der sich wie ein Fisch an Land vorkam, verstand gar nicht, was daran so lustig sein sollte, daß man ihn geschnappt hatte. Als er den Beamten zerknirscht und schicksalsergeben aufforderte, sein Boot in Gottes Namen zu durchsuchen, winkte dieser lachend ab: »Ich werde mich doch nicht blamieren! Wenn du mit einem Boot herumfährst, das man nachts aus zehn Meilen Entfernung sehen kann, dann wirst du ja nicht ausgerechnet damit auf Schmuggeltour fahren!« Was Alfredo nicht wußte, war, daß seine beiden nichtsnutzigen Helfer alle Zierstreifen am Schiffsrumpf und die Aufbauten mit Leuchtfarbe gestrichen hatten.

*

Vor einigen Monaten hatte mich Alfredo in seine Bar gewinkt und mich zu einem Espresso eingeladen. Nach einer Weile machte er mich mit einer Kopfbewegung auf drei schwarzgekleidete Männer aufmerksam, und er flüsterte mir zu: »Das sind Pfaffen, Kleriker. Ich wette, das sind Vatikaner, Spione aus Rom!« Zum ersten Mal hörte ich davon, daß der Papst nach Pfingsten einen Besuch der Tyrrhenischen Inseln plante. Daß er nach Capri und Ischia gehen wollte, wäre schon mehr als ein Gerücht. Nun hatte sich Alfredo, das Schlitzohr, ausgerechnet, daß zwischen Ischia und Rom auch Ponza auf der Besuchsroute des Papstes liegen könnte und daß es sich bei jenen drei sicher um Abgesandte des Vatikans handle, die ausbaldowern sollten, ob Ponza eines Besuches Seiner Heiligkeit würdig sei. Alfredo heftete sich daraufhin an ihre Fersen und überschüttete sie so unauffällig wie möglich mit allerlei kleinen und großen Aufmerksamkeiten. Wo auch immer sie hinkamen, nie durften sie irgend etwas bezahlen, es stand ihnen kostenlos ein Auto oder ein Boot, aus Alfredos Bestand natürlich, zur Verfügung. Vor allem durften die drei so schnell nicht wieder weg. Und prompt verkehrten in den nächsten Tagen wegen hohen Seegangs keine Schiffe mehr zwischen Ponza und dem Festland, was häufig geschah, diesmal aber von Alfredo kurzerhand verordnet worden war. Gleichzeitig verschwanden auf geheimnisvolle Weise die Statuen San Silverios, des Inselheiligen, aus öffentlichen Gebäuden und von den kleinen Altären an den Hausecken. Alfredo hatte Bürgermeister und Gemeinderat zu einer geheimen nächtlichen Versammlung einberufen und eine leidenschaftliche Rede darüber gehalten, wie wichtig für das Wohl Ponzas dieser Papstbesuch wäre. Ausnahmsweise waren sich einmal alle Parteien einig, und für ein paar Tage, ja Wochen, klappte auf Ponza vieles, was bisher selbst mit den strengsten offiziellen Anordnungen nicht zu erreichen war. Erst als Alfredo der Meinung war, daß alles Mögliche getan worden war, durften die drei geistlichen Abgeordneten glücklich und mit Übergewichtserscheinungen wieder in Richtung Vatikan abdampfen.

Drei Wochen später war es amtlich: Der Papst würde nach dem Besuch von Capri und Ischia auch in Ponza Station machen.

Jetzt, da der Papstbesuch feststand, legte sich Alfredo erst richtig ins Zeug. Zwar tat auch die Gemeinde das Ihre dazu, die Kirche bereitete sich auf ihre Weise auf den Besuch vor, doch als es darum ging, eine Glocke für die Kirche zu besorgen, mußte Alfredo wieder einspringen.

Der schickte eine Abordnung aufs Festland, die kurzerhand eine Glocke vom Kirchturm einer verfeindeten Gemeinde »ausleihen« und heimlich zur Insel transportieren sollte, allein technisch keine Kleinigkeit, so sollte es sich herausstellen.

Überhaupt waren Alfredo, der alles andere als ein guter Katholik war, keine Anstrengung und kein Opfer zu groß. Da mußte zum Beispiel ein Auto her, um den Papst über die Insel zu kutschieren.

Alfredo stiftete seinen Lieferwagen. Er brachte diesen persönlich zu Franco Bernardis Karosseriewerkstatt. Auf der Ladefläche lag die schon erwähnte Dusche, die ehemalige Telefonzelle, die nun als »kugelsichere« Kabine Verwertung finden sollte. Alfredo legte selbst Hand an, um dem »Papstwagen« die weißgelben Vatikansfarben zu verleihen.

Der große Tag nahte. Alle Probleme schienen gelöst, da gab es doch noch eine Panne: Das Boot mit der Glocke war zu schwächlich für die schwere Last. Während der Überfahrt hielt die Verankerung nicht stand, die Glocke versank auf ewige Zeiten im tiefblauen Meer, das hier im sogenannten Graben von Gaeta an die 4000 Meter tief ist. Nach einem kurzen und heftigen Wutausbruch fand Alfredo auch hier die Lösung. Ein eilends aus Neapel herbeigerufener Radiofachmann baute in letzter Minute ein elektrisches Glockenwerk ein, welches das Geläute des Londoner Big Ben täuschend nachahmte.

Der Morgen des Besuchtages war herangekommen. Die ganze Insel war im Sonntagsstaat. Gelbweiße Vatikansfahnen und -fähnchen überall neben den einheimischen blauroten Fahnen. Fenster, Straßen und Hafen waren sauber geputzt, auch hatte Alfredo einige hygienische Maßnahmen treffen lassen: Joe, der alte herrenlose, ewig am Hafen herumstreunende Hund, der überall seine Duftspuren und Größeres hinterließ, lag neben dem Tennisplatz an einer Kette und jaulte herzerweichend ob der ungewohnten Fessel. Und auch Dudù, der Dorftrottel, ein junger und eigentlich recht hübscher Bursche, der, Selbstgespräche führend, oft am Strand herumlief und dabei sein monströses Glied aus dem Hosenschlitz hängen ließ, war mit Beruhigungspillen vollgepumpt und bei seiner gelähmten Tante untergebracht worden. Ohne Pause dröhnte das elektrische Glockenspiel. Der Kirchenchor hatte sich am Hafen aufgebaut und probierte den Ernstfall. In

Alfredos Bar drängte sich die Menge, um im Fernsehen den Papstbesuch in Capri und Ischia live zu verfolgen. Am Quai standen zwei schwarzgekleidete, blonde junge Männer, die, mit einem dicken deutschen Akzent und potenten Walkie-Talkies ausgestattet, in Funkverbindung mit dem päpstlichen Reisetroß standen. Der rote Teppich war ausgerollt. Alfredo selbst hatte es sich nicht nehmen lassen, das Papstauto eigenhändig zu steuern. Er hatte es durch die Menge bis zum Ende des roten Teppichs gefahren und nur gerade so viel Platz gelassen, daß der Papst den obligatorischen Kuß auf den Boden der Insel tun konnte, falls dieser, was keiner wußte, im Protokoll vorgesehen war.

Der angekündigte Zeitpunkt für die Ankunft des hohen Gastes verstrich, Besorgnis machte sich unter den Insulanern breit. Sie wußten, was das bedeuten konnte, sie kannten ihr unberechenbares Meer. Stimmen wurden laut, enttäuschte Rufe: »Das Schiff mit dem Papst kommt nicht wegen zu hohen Seegangs.«

Zwei Stunden später wurde es offiziell: Das Boot mit dem Heiligen Vater würde den Hafen von Ischia, wo es sich gerade befand, nicht verlassen können. Betroffenheit bei allen. Allein der fast taube Chorleiter hatte nichts mitbekommen und dirigierte eifrig weiter, bis auch im Chor niemand mehr mitsang. Es hatte sich wie ein Lauffeuer herumgesprochen: »Non viene!« Er kommt nicht. Die beiden blonden Burschen sprachen immer aufgeregter in ihre Funkgeräte, in der allgemeinen Aufregung stand Alfredo auf einmal, mit einem Megaphon in der Hand, auf der Plattform seines Papstgefährts neben der Glaskabine und schrie: »Attenzione! Alle einmal herhören! Wie wir wissen, wird der Heilige Vater nicht per Boot hierherkommen, aber ...«, hier machte er eine wirkungsvolle Pause, »ich habe gerade zuverlässig gehört, daß er in etwa zwei Stunden mit einem Hubschrauber hierherfliegen wird!« Freudenrufe. »Da es keinen anderen würdigen Landeplatz auf der Insel gibt, habe ich vorgeschlagen, Seine Heiligkeit in unserem Fußballstadion zu empfangen. Alle Bürger und Inselgäste sind also aufgefordert, sich unverzüglich und geordnet zum Stadion zu begeben.« Danach setzte Alfredo sich gemessen ans Steuer und führte die Prozession in Richtung Fußballplatz an, denn »Stadion« konnte man den Sportplatz, auch wenn der an einer Seite eine mickrige Tribüne besaß, eigentlich nicht nennen. Er lag im Innern der Insel, zu Fuß in etwa zwanzig Minuten zu erreichen.

Als Alfredo als erster zum Sportplatz kam, durchfuhr ihn ein Schreck: Eine riesige Schafsherde bevölkerte den Rasen. Da heute kein Fußballspiel stattfand, hatte man die Schafe auf den Platz getrieben. Der Schäfer wollte zuerst nichts davon wissen, die Herde hinauszutreiben, der einfältige Piero verstand überhaupt nicht, was ihm Alfredo da erzählte, und immer wenn Alfredo die Geduld verlor und zu schreien begann, sah er sich den ihn wütend anknurrenden Hunden des Schäfers gegenüber und beruhigte sich wieder. Als das ganze Dorf eine knappe Stunde später vollzählig im Stadion versammelt war, waren die Schafe weg, dafür tummelten sich Meßdiener, Chordamen und andere freiwillige Helfer auf dem Rasen, lasen mit bloßen Händen die reichlichen Schafsknüttel auf und sammelten sie in Tüten, Mützen und Taschentüchern ein. Die beiden Blonden mit den Sprechgeräten standen auf der Anhöhe oberhalb des Platzes und hielten schon nach dem Hubschrauber, der nun bald auftauchen mußte, Ausschau. Alfredo hatte den Papstwagen aufs Spielfeld gefahren, eine eigens gebaute Treppe dahintergestellt, auch sie gelb und weiß lackiert, und den roten Teppich wieder bis zur Platzmitte ausgerollt, wo der Anstoßkreis frisch mit Kreide als Landeplatz markiert war.

Auf der Tribüne hatten die Honoratioren in vorderster Reihe Platz genommen, dahinter hatte sich der Kirchenchor aufgebaut, während die Musikkapelle auf der anderen Seite des Platzes erneut im Widerstreit mit dem Chor lag. Sogar das Fernsehen war mit einem Team vertreten, dem viele kleine Videokameras Konkurrenz machten. Denn Alfredo, so hörte man, soll für den großen Anlaß über fünfzig geschmuggelte Videoanlagen an den Mann gebracht haben. Plötzlich ging ein Raunen durch die Menge. Die beiden blonden Seminaristen und eine Schar von Kindern, die ebenfalls auf die Felsen geklettert waren, winkten mit großen Gesten: »STA ARRIVANDO! ER KOMMT; ER KOMMT!« Und in der Tat war in der Ferne das flattrige Brummen des Hubschraubers zu hören. Alle waren aufgestanden und begannen mit Fähnchen und Taschentüchern zu winken. Der große Hubschrauber schob sich erschreckend nah über die Felskante, wirbelte eine ungeheure Staubwolke auf, die der starke Wind auf den Platz hinunterdrückte. Man sah die Hand nicht mehr vor Augen. Taschentücher, Hüte und Fähnchen purzelten in dem dichten Staub herum. Der Motor des Helikopters dröhnte, überdeckte den Lärm der Musikkapelle, deren Bläser ohnehin hustend ihr Spiel aufgegeben hatten.

Immer noch schauten alle in die Höhe, ohne etwas zu sehen, und wischten sich den Staub aus den Augen. Alfredo setzte sich, ganz unpassend fluchend, in das Fahrerhaus seines Lieferwagens und drehte die Fenster hoch. Als der Wind die Staubwolke etwas weggeblasen hatte, schwebte der Hubschrauber hoch über dem Platz. Er schwankte etwas hin und her, drehte sich ein paarmal um seine Achse und gab so den Insassen sicher einen guten Ausblick über die Insel, machte aber keine Anstalten, zur Landung anzusetzen. Da erscholl ein erster Ruf aus der Menge: »Viva il Papa!« der aufgenommen wurde, und bald brüllten alle gegen den Motorenlärm des Hubschraubers an und skandierten: »Vi-va il Pa-pa! Vi-va il Pa-pa!«

»Warum landest du denn nicht?« schrie auf einmal einer ganz respektlos. »Zu viel Wind!« antwortete ein Kenner.

Da öffnete sich plötzlich an der Seite des Hubschraubers eine Tür. Alles hielt für ein paar Sekunden den Atem an: »Vielleicht springt er mit dem Fallschirm ab!« meinte eine Stimme in der Menge, und es klang nicht nach Spott, wurde jedoch von der Mehrheit für unwahrscheinlich gehalten. »Warum denn nicht?« sagte die gleiche Stimme, »er fährt doch Ski, spielt Tennis und schwimmt!« Dann sahen alle sehr deutlich, wie aus der offenen Tür des Hubschraubers eine weißbehandschuhte Hand gestreckt wurde, die über der Menge das segnende Kreuzzeichen beschrieb, ein erstes Mal, alles fiel auf die Knie und bekreuzigte sich, ein zweites, ein drittes Mal. Aus dem Kreuzzeichen wurde ein Winken der weißen Hand, die gleich darauf im Innern des Hubschraubers verschwand, die Tür wurde wieder zugeschoben, schnell gewann der Hubschrauber an Höhe und entschwand unwiederbringlich in den Nachmittagshimmel gen Rom …

Den ganzen Tag noch wurde überall auf der Insel das Vorgefallene diskutiert, alles drängte sich vor den Fernsehern, denn ausgiebig wurde in der Tagesschau vom Papstbesuch auf den anderen Inseln berichtet, von Capri vor allem und Ischia, aber

Ponza wurde mit keinem Bild und keinem Wort auch nur erwähnt. In den Bars machte sich da und dort schon Enttäuschung Luft, schließlich hatte der »Besuch«, wie er jetzt nur noch kurz genannt wurde, die Insel eine Stange Geld und viel Mühe gekostet. Schadenfreudig belacht wurde allenthalben das Mißgeschick Alfredos: Der hatte auf dem Rückweg vom Fußballplatz, um nicht von der ins Dorf zurückstrebenden Menge behindert zu werden, den Umweg über die Straße am Strand entlang genommen, die durch zwei Tunnel führt. Uneingedenk der Telefon-Dusch-Kanzel hinten auf seinem Lieferwagen war er, ohne auch nur zu bremsen, in den ersten Tunnel hineingefahren, es hatte gekracht und gesplittert, Alfredo hatte nicht einmal angehalten, hatte nur geflucht und so etwas wie »Auch das noch!« und »Geschieht mir recht!« gemurmelt.

Am nächsten Tag schon sprach eigentlich niemand mehr über den Besuch. Wie auf Verabredung kehrten die Statuen des San Silverio wieder an ihre angestammten Standorte auf Altäre, Hausaltärchen und in die Fensterauslagen zurück. Der Hund Joe streunte wieder am Hafen herum, und auch der schwachsinnige Dudù führte am Strand wieder seine Selbstgespräche und segnete eine unsichtbare Gemeinde. Alfredo brachte seinen Lieferwagen zum Umlackieren in Francos Werkstatt, und danach erinnerte nur noch das falsche Big-Ben-Glockengeläute an jenen wenig ruhmvollen Tag in der Geschichte Ponzas. Als dieses Geläute dann nach drei, vier Tagen nicht mehr erscholl, fragte niemand, ob es ein technisches Versagen war oder ob die Vorrichtung einfach abgebaut worden war.

Jedenfalls hämmerte am nächsten Sonntag der Pfarrer wieder auf die Eisenstange, um die Gläubigen zur Messe zu rufen, und alles war wieder wie vorher.

Die zwei Tode des armen Baràbba

Ardore bedeutet im Italienischen soviel wie Hitze, Glut.

Ardore heißt auch ein kleiner Ort ein paar Kilometer westlich von Locri, einer alten Stadt an der ionischen Küste Kalabriens, die in den letzten Jahrzehnten leider einen sehr zweifelhaften Ruhm erlangte als die Hauptstadt der 'Ndrangheta, dem kalabresischen Gegenstück zur sizilianischen Mafia, und auch Ardore gehört zu deren Einflußgebiet. Ein Fremder würde das nicht bemerken, denn ihm erscheint Ardore als ein Fischerdorf, wie es unzählige in ganz Italien gibt. Und wie jedes andere Dorf hat es seinen Dorftrottel, obwohl Baràbba weder schwachsinnig noch verkrüppelt ist.

Wenn er ein Trinker wäre, könnte man ihn als einen Stadtstreicher, einen Clochard, bezeichnen. Nennen wir ihn ein Original. Er hat keinen Beruf, und er arbeitet nur gelegentlich. Zum Beispiel hilft er den Fischern beim Einholen der Netze. Als Lohn werfen die ihm je nach Ausbeute ein paar kleine Fische in den Sand, die Baràbba wäscht und in seinem Plastikbeutel verstaut, um sie bei Verwandten abzuliefern, die am Hafen eine Trattoria betreiben. Dafür bekommt er dort jeden Tag eine Mahlzeit am »Katzentisch« hinten im Hof neben der Küche; natürlich niemals Fisch, der ist für die zahlenden Kunden, sondern einen Teller Pasta asciutta oder Minestrone, dazu eine kleine Karaffe vom billigsten Wein.

Baràbba sieht ziemlich furchterregend aus: stechende, tief in den Höhlen liegende schwarze Augen, ein wilder, struppiger Bart und ebensolche Haare. Dennoch ist Baràbba harmlos und von einfachem Gemüt. Überhaupt hätte man nicht viel über ihn zu sagen gehabt, wenn nicht vor einem Jahr ein Ereignis über Ardore hereingebrochen wäre.

Dieses Ereignis hieß Wanda. Dabei war Wanda durchaus keine Fremde. Seit vielen Jahren, schon als Kind, kam sie jeden Sommer mit ihren Eltern aus der Toskana nach Ardore in die Ferien.

Aber im vorigen Jahr war Wanda nicht mehr das blonde, hoch aufgeschossene, etwas knabenhafte Mädchen, das mit den Gefährtinnen aus dem Dorf am Strand spielte. Wanda hatte sich innerhalb eines Jahres aus einer unscheinbaren Larve in einen wunderschönen Schmetterling verwandelt. Wenn sie mit ihren dunkelhäutigen und kleiner gewachsenen einheimischen Freundinnen am Strand auftauchte, waren es nicht nur die jungen Burschen, die ihr Ballspiel unterbrachen, auch die Mütter, die auf ihre badenden Kinder aufpaßten, ließen ihre

Handarbeit in den Schoß sinken, und besonders die alten Männer, die auf einer Bank neben dem Kiosk im Schatten eines Feigenbaums saßen, verschlangen Wanda mit lüsternen Blicken, und einer sagte zum anderen: »Si è fatta bella, la Wanda!« Sie ist schön geworden, die Wanda.

Zuerst fiel es niemandem auf, doch die Alten, denen nichts entging, bemerkten als erste die Anwesenheit eines ungewöhnlichen Zuschauers: Baràbba. Der blieb zwar oben auf der Straßenböschung sitzen, aber es war auffällig, daß er den Blick nicht von Wanda ließ. Angeführt von Spanò, dem Apotheker, begannen die Alten, Baràbba aufzuziehen. Aber da der nicht reagierte, wurde allmählich ein böses Spiel daraus. Sogar die Kinder liefen bald hinter Baràbba her und schrien: »Baràbba ama Wanda! Baràbba ama Wanda!« Baràbba liebt Wanda. Baràbba konnte darüber sehr in Wut geraten. Er lief davon, den Strand entlang, bis ihn niemand mehr sah.

Doch am nächsten Tag war er wieder da, und das Spiel begann von neuem. Aber irgendwann wurde es den Alten langweilig. Es war wieder der Apotheker, der eine Idee hatte. Er näherte sich Baràbba und flüsterte ihm zu, er wisse ganz zuverlässig, daß auch Wanda ein Auge auf ihn, Baràbba, geworfen hätte. Dies war für Baràbba so süß zu hören, daß er es nicht ertrug. Einige Tage lang tauchte er nicht mehr auf. Doch sobald er wieder erschien, trieben die Alten ihr Spiel mit Baràbba weiter. Sie machten ihn glauben, daß Wanda traurig war, ihn nicht zu sehen, und daß sie nur auf ein Zeichen von ihm warte. Dieses Zeichen wäre sein Bart. Wenn ihm wirklich daran gelegen wäre, ihr zu gefallen, so müßte er seinen Bart für sie opfern.

Am nächsten Tag erschien Baràbba tatsächlich ohne seinen Bart. Wangen und Kinn waren kreidebleich und mit unzähligen kleinen Schnittwunden übersät, die er sich beim Rasieren zugefügt hatte. Auch sein Haupthaar hatte er gebändigt. Er war kaum wiederzuerkennen. Sein Auftritt löste natürlich große Heiterkeit aus. Doch diesmal ließ sich Baràbba nicht ins Bockshorn jagen. Er wartete darauf, daß Wanda sein neues Aussehen bewunderte. Doch er wartete vergebens. Was Baràbba nämlich nicht ahnen konnte: Wanda hatte am gleichen Tag Ardore mit ihren Eltern verlassen, um in die Toskana zurückzukehren. Als er erfuhr, daß Wanda abgereist war, ohne ihn gesehen zu haben, versank er in tiefe Traurigkeit, und er ließ sich einige Tage lang nicht sehen. Dann kam er, wenn noch niemand am Strand war, zurück zu jener Stelle, von der aus er Wanda so viele Male beobachtet hatte. Als man dies den Alten hinterbrachte, suchten sie ihn auf und sagten, er solle doch nicht traurig sein. Sie gestanden ihm, daß die ganze Geschichte von der Verliebtheit Wandas eine Lüge, nämlich ihre Erfindung gewesen wäre. Wanda hätte von ihm niemals auch nur die geringste Notiz genommen.

Baràbba brach zusammen. Er weinte und stammelte, er wolle nicht mehr weiterleben: »Voglio murì, voglio murì!« Spanò, der Apotheker, wußte Rat: »Wenn du wirklich sterben willst, kann ich dir helfen. Ich habe in meiner Apotheke ein wunderbares Gift. Wenn du es nimmst, wirst du keine Schmerzen haben, aber du wirst vor dem Sterben den schönsten Traum erleben, den du dir wünschen kannst, und danach glücklich hinüberdämmern.«

Baràbba flehte Spanò an, ihm diesen Zaubertrank doch zu verkaufen. Doch der versprach ihn ihm sogar großzügig als Geschenk. Er brachte Baràbba das Gift in einer braunen Flasche. Am Abend setzte Baràbba sich an den Strand, trank die übelschmeckende Flüssigkeit tapfer bis zum letzten Tropfen aus, legte sich zurück, schaute hinauf zum Mond und wartete auf seinen letzten Traum, für den er sich sicher die ewige Vereinigung mit Wanda gewünscht hatte. Er wartete lange. Doch der Traum wollte sich nicht einstellen, und auch der Tod kam nicht, um Baràbba zu erlösen. Er bekam vielmehr schreckliche Leibschmerzen, und bald floß es unaufhaltsam und übelriechend aus dem Körper des armen Baràbba, der glaubte, daß es das Leben sei, das seinem Körper entwich. Natürlich hatte sein Peiniger ihm nicht Gift, sondern eine gehörige Portion Rizinusöl gegeben. Baràbba fühlte sich um seinen Traum betrogen und wartete auf das Ende.

Am nächsten Morgen trieb das schlechte Gewissen Spanò und seine Komplizen zum Strand. Sie erschraken. Da lag Baràbba immer noch an der gleichen Stelle und rührte sich nicht mehr. Auf seinem Gesicht, auf seinen Händen und überall auf ihm und um ihn herum wimmelten und summten Hunderte von Fliegen und anderem Ungeziefer.

Doch Baràbba war nicht tot. Die Alten schleiften ihn vom Strand in den Schatten des Feigenbaums. Spanò verabreichte ihm ein Kohlepräparat und flößte ihm Flüssigkeit ein.

Drei Tage lang lag Baràbba unter dem Baum und war zu schwach, um aufzustehen. Doch am Morgen des vierten Tages war er verschwunden, und man hat ihn monatelang nicht mehr wiedergesehen.

Fast ein Jahr später, während der Ferienzeit, kehrte Wanda zurück, schöner denn je. Die jungen Burschen zeigten ihr beim Ballspiel ihre muskulösen braunen Körper, die Mütter in ihren schwarzen Kleidern sahen mißbilligend den allzu knappen Badeanzug Wandas, und die alten Männer, eher davon angetan, saßen wie immer auf der Bank unter dem Feigenbaum, und einer sagte: »Wanda si è fatta donna!« Wanda ist eine Frau geworden. Unter ihnen fehlte jedoch der Apotheker Spanò. Der war vor Weihnachten von der 'Ndrangheta entführt worden und, obwohl die Familie ein hohes Lösegeld gezahlt hatte, noch immer in den Händen der Gangster.

Baràbba blieb verschwunden. Die einen sagten, daß er gestorben wäre, einer erzählte, er habe ihn in Roccella Ionica, einem Ort ein paar Wegstunden östlich von Locri, gesehen. Doch es gab auch welche, die Baràbba nachts oder beim Morgengrauen an jener Stelle am Strand gesehen haben wollten, an welcher er Wanda immer mit seinen Blicken verschlungen hatte.

*

Seit der unglücklichen Liebe Baràbbas zur schönen Wanda waren viele Jahre vergangen. Wanda hatte geheiratet und war Mutter zweier hübscher Kinder. Im Sommer kam sie jetzt mit ihrer eigenen Familie nach Ardore in die Ferien, saß wie die anderen Mütter am Strand und paßte auf ihre badenden und spielenden Kleinen auf.

Baràbba war alt geworden. Seit langem schon war er zu schwach, um den Fischern beim Netzeeinholen zu helfen. So bekam er von ihnen auch keine Fische mehr, und da er seinen Verwandten am Hafen keine Fische mehr brachte, gaben die ihm nicht mehr sein gewohntes Essen.

In der letzten Zeit sah man Baràbba immer gebückter laufen. Er hielt beide Hände in den Hosentaschen und drückte sie gegen seinen Bauch, als hätte er Schmerzen.

Eines Tages trieb er sich am Hafen herum und schaute hungrig auf die ausgelegten Früchte an Zì Teresas Obststand, als diese plötzlich aufschrie und

Baràbba kreischend bezichtigte, sie bestohlen zu haben. Sie wollte eine Melanzana, eine große Aubergine, in Baràbbas fadenscheiniger Hose gesehen haben. Baràbba erstarrte, aber als die massive Zì Teresa hinter ihrem Stand hervorkam, um sich auf den armen Baràbba zu stürzen, ergriff der, so schnell er dies überhaupt noch vermochte, die Flucht. »Al ladro! Al ladro!« Haltet den Dieb, schrie Zì Teresa hinter Baràbba her. Gleich sammelte sich eine kleine Kinderschar, verfolgte Baràbba und sang: »Baràbba è un ladro!« Baràbba ist ein Dieb. Der schleppte sich an der Mole entlang und versteckte sich ganz am Ende des Hafens in dem eisernen, verrosteten Pissoir, das die Deutschen während des Krieges dort aufgestellt hatten, und schlug den Kindern die Tür vor der Nase zu.

Inzwischen erzählte Zì Teresa aufgeregt einigen Leuten, die neugierig zusammengelaufen waren, daß Baràbba sie bestohlen hätte. Da stand Giovanni, der Dorfpolizist, von seinem Stuhl vor der Bar auf, zog seine Uniformjacke an, setzte die Mütze auf seinen schwitzenden Schädel und machte sich mit wichtigtuerischer Miene auf, seines Amtes zu walten. Am Pissoir angekommen, schob er die Kinder zur Seite, klopfte an die eiserne Tür und forderte Baràbba im Namen des Gesetzes auf herauszukommen. Baràbba rührte sich nicht. Da drückte Giovanni mit seinem beträchtlichen Gewicht gegen die Tür, die jedoch ohne Widerstand aufflog, da

Baràbba sich in die hinterste Ecke zurückgezogen hatte. Giovanni sagte mit seinem gutmütigsten Ton: »Sei vernünftig, Baràbba, und gib heraus, was du der Zì Teresa weggenommen hast.« Baràbba zitterte und sagte, er habe nicht gestohlen. »Was hast du denn dann in der Hose?« fragte Giovanni immer noch friedlich. Da blieb dem armen Baràbba nichts anderes übrig, als seine Hose aufzuknöpfen. Giovanni staunte nicht wenig, als er das »Diebesgut« sah. Und so kam schließlich Baràbbas Geheimnis ans Tageslicht. Giovanni erblickte nämlich Baràbbas Hernie, einen enormen Bruch, der sich aus der Leiste des Armen herausgedrückt hatte. Er hatte in der Tat Ausmaße und Farbe einer riesigen Aubergine. Giovanni starrte noch eine ganze Weile auf Baràbbas Bruch, murmelte eine Entschuldigung und ging hinaus, nicht ohne die Kinder mit einem »Das ist nichts für euch« zu verjagen.

So wurde Baràbbas Hernie stadtbekannt. Während es den einen davor grauste, wohl auch weil ihre Ausmaße in den Erzählungen sich ins Unglaubliche vergrößerten, wollten andere erst recht das »Monstrum« sehen. Nun war Baràbba zwar einfachen Gemüts, aber nicht so dumm, um in dem Interesse an seinem Bruch kein Geschäft zu wittern. Er ließ sich das Herzeigen saftig bezahlen. Nie war es Baràbba finanziell bessergegangen als in den folgenden Tagen, doch leider ging es mit seiner Gesundheit sehr schnell bergab.

Der Juli war gekommen, der glühend heiße Juli Ardores.

Es war an einem Samstagnachmittag. Die Straßen waren menschenleer, kein Lüftchen ging, das Linderung gebracht hätte. Vor dem Krankenhaus saßen zwei junge diensttuende Assistenzärzte vor dem Eingang auf zwei Stühlen im Schatten. Als sie Baràbbas ansichtig wurden, der sich mühsam dahinschleppte, sprachen sie ihn an, aus purer Langeweile, aber auch aus Neugier, denn auch sie hätten gerne Baràbbas Bruch gesehen, aus beruflichem Interesse, versteht sich, und umsonst natürlich. Da Baràbba offensichtlich große Schmerzen hatte, ließ er sich von den beiden überreden, sich untersuchen zu lassen. Da es sich um Ärzte handelte, vergaß er, Geld zu verlangen. Scherzend führten die beiden Baràbba in den Operationssaal, halfen ihm, sich auszuziehen und auf den Operationstisch zu legen. Baràbba sah sich in der großen glänzenden Lampe, die bedrohlich über ihm hing, sah verzerrt sein Gesicht, seinen Körper, seinen unförmigen Bruch und bekam es mit der Angst. Er wollte aufstehen, weglaufen, aber er war zu schwach. Auch hatten die beiden ihn jetzt an den Tisch geschnallt und begannen, an seinem Bruch herumzudrücken. Baràbba fiel in eine gnädige Ohnmacht.

Es kam nie ganz heraus, was die beiden mit ihm angestellt hatten. Den Sonntag über ließen sie Baràbba im Krankenhaus, doch am Montag morgen mußte er sein Bett sehr früh räumen. Unter großen Schmerzen schleppte er sich die nächsten Tage durch die Straßen, am Freitag brach er schließlich mitten auf der Piazza zusammen und kam wieder ins Krankenhaus, diesmal nach allen Regeln ärztlicher Kunst unters Messer. Der operierende Arzt erschrak, als er die Bauchhöhle öffnete. – Zwei Tage später – Baràbba hatte das Bewußtsein nicht wiedererlangt – rollte man den toten Baràbba ins Leichenhaus. Nun hätte man denken können, daß man Baràbba ohne viel Federlesen in einem Armengrab verscharrt hätte, so daß er nach ein paar Wochen für immer vergessen sein würde. Aber es geschah etwas Seltsames. Einige Kinder hatten sich, wie sie es öfter taten, ins Leichenhaus geschlichen und den toten Baràbba entdeckt, der ja bekannt war wie ein bunter Hund. Die Kinder liefen durch die Straßen und riefen: »Baràbba è morto! Baràbba è morto!« Das hörte auch der alte Apotheker Spanò, der ihn vor langer Zeit mit Rizinus traktiert hatte, als Baràbba aus Liebeskummer um Wanda sterben wollte. Spanò war damals nach über einem Jahr von der 'Ndrangheta freigekommen, mit schlohweißem Haar zurückgekehrt und war sehr milde geworden. Er stiftete einen kostbaren Sarg für Baràbba. Daraufhin spendierte ein anderer Bürger, um nicht zurückzustehen, den sechsspännigen Leichenwagen. Selbst der Pfarrer ließ sich nicht lumpen und führte kostenlos das Begräbnis an. Die Leute lehnten sich aus den Fenstern und fragten, wer denn da so Wichtiges gestorben sei. Sie liefen auf die Straße hinunter und schlossen sich dem Leichenzug an. In solchen Dörfern ist es ja häufig so, daß viele Familien miteinander verfeindet sind. Doch da Baràbba keine Feinde hatte, wurde es das größte, aber auch das heiterste Begräbnis, das man in Ardore seit langer, langer Zeit gesehen hatte. Sogar die Feuerwehrkapelle hatte sich, eiligst zusammengetrommelt, noch vor den Zug gesetzt.

Als am Grabe eine verschleierte Dame mit zwei Kindern an Baràbbas Grab trat, flüsterten die Leute einander zu: »Das ist Wanda, die große Liebe vom Baràbba!«

Romy a Roma, Amor Amaro

Ich hatte Romy Schneider 1956 in München bei den Dreharbeiten für den Film Robinson soll nicht sterben kennengelernt, in dem sie neben Horst Buchholz und dem alten Erich Ponto eine Hauptrolle spielte, während ich zusammen mit meinem Freund Rudolf Rhomberg darin nur eine kleine Räubercharge geben durfte. Ich beobachtete Romy, die hoch auf ihrem Sissy-Ruhm schwebte, bei der Arbeit und war beeindruckt von ihrem Temperament und ihrer Konzentration. Da war viel mehr als der mollige Maderl-Charme, den man der Sissy gerade noch zugestehen mochte.

Ich war damals ein völlig unbeschriebenes Blatt, aber sie mußte gehört haben, daß ich ein ehemaliger Otto-Falckenberg-Schüler war. Jedenfalls kam sie eines Tages auf mich zu und erklärte mir, daß sie gerne den Schauspielerberuf von der Pike auf lernen wolle, und fragte mich, wie sie es anstellen müßte, auf dieser Schule aufgenommen zu werden. Ich erinnere mich, daß ich zu ihr sagte:

»Romy, gehen Sie nicht hin. *Sie* können da nichts mehr lernen.«

Fünf Jahre und zehn Filme später – ich war gerade nach Rom gekommen, um dort meinen ersten italienischen Film zu drehen – saß ich draußen auf dem Bürgersteig vor dem Piccolo Mondo, damals *dem* Eßlokal der Filmleute. Zwei zarte Mädchenhände legten sich von hinten über meine Augen:

»Einen Pfennig, wenn du's rätst!« Ich riet es nicht. Es war Romy, die mit Alain Delon und einigen Freunden ein paar Tische weiter saß. Sie zog mich an der Hand zu ihrem Tisch und stellte mich vor. Man freundete sich damals in Rom leicht und schnell miteinander an, sah sich auf Partys, traf sich zum Essen oder fuhr zusammen ans Meer.

Eines Abends war der Besuch eines neuen Nachtclubs in der Eur, der modernen Satellitenstadt etwas außerhalb Roms, angesagt. Wir hatten vorher in einem Restaurant in der Altstadt zu Abend gegessen. Bei Tisch hatte es einen kleinen Disput zwischen Alain und Romy gegeben. Jedenfalls lud Alain mich ein, in seinem Ferrari mitzufahren, während ein Freund Alains mit Romy in meinem Wagen fuhr. Die Fahrt mit Alain in seinem silbergrauen Ferrari werde ich nie vergessen. Auf dem Viale Cristoforo Colombo, zwar einer Art Autobahn, aber dicht befahren und zum Stadtgebiet gehörend, fuhr Alain mit 200 Sachen stadtauswärts. Meine Mitfahrer-Angst entlud sich in hektischem Lachen. Ich schaute Alain von der Seite an und wußte plötzlich, daß nichts passieren würde. Ich hatte noch nie so einen konzentrierten, kalten Ausdruck in einem Gesicht gesehen, außer bei Bubi Scholz vielleicht, in seiner besten Zeit. Die schwarzen Haare standen vom Rückwind wie ein Mützenschirm gerade nach vorn, die Kiefermuskeln des schönen Gesichts waren angespannt, und ein kleines Lächeln umspielte die Lippen. Ich rutschte noch tiefer in den Sitz, als Alain, ohne zu bremsen, schnurgerade auf den Obelisken des EUR-Forums zusteuerte und erst in letzter Sekunde mit einem winzigen Schlenker das Hindernis umfuhr.

Im Nachtclub saß ich an einem langen Tisch des großen Saales neben Romy. Auf der Bühne tanzte ein brasilianisches Ballett, die Tänzerinnen zeigten in wilden Sambarhythmen kaffeebraunes Fleisch. Auf einmal war Alain verschwunden. Ich merkte, wie Romy immer nervöser wurde, ich versuchte sie abzulenken. Nach einer guten Stunde tauchte Alain wieder auf. Als Romy eine Bemerkung machte, erhob sich Alain gleich wieder und verschwand erneut, diesmal für den Rest des Abends. Romy, die stumm und mit den Tränen kämpfend dasaß, bat mich irgendwann, sie nach Hause zu begleiten. Das Haus, das Romy und Alain damals bewohnten, gehörte Renato Salvatori und seiner Frau Annie Girardot, engste Freunde Alain Delons, ein altes schmales, hohes Haus neben dem Teatro Marcello, gleich hinter den drei berühmten Säulen des Tempels des Apollo Sosiano gelegen.

Romy wollte nicht allein sein und bat mich zu einem Drink in ihre Wohnung. Wir stiegen die engen, steilen Treppen hinauf. Oben angekommen, holte Romy eine Flasche Champagner aus dem Eisschrank, und mit einem »Mach schon mal auf!« verschwand sie für eine Weile. Ich öffnete folgsam die Flasche und schaute mich in der Wohnung um. Sie war verwinkelt und romantisch, geschmackvoll eingerichtet und mit wertvollen Bildern an den Wänden. Solch eine Wohnung hätte ich mir gewünscht.

Romy kam zurück. Sie hatte sich umgezogen und trug jetzt eine Art chinesischen Hausanzug. Mir fiel auf, daß sie gar nichts Sissyhaftes mehr hatte. Sie wirkte eher damenhaft und sehr verführerisch. Sie schien jetzt ganz ruhig und sprach überhaupt nicht von dem verunglückten Abend und Alain, sondern begann ein Gespräch – über das Theater! Wir tranken, und sie erzählte mir, daß sie im Herbst in Paris mit Alain unter Luchino Viscontis Regie John Fords SCHADE, DASS SIE EINE HURE IST spielen werde.

»Du *mußt* zu meiner Premiere kommen!« rief sie plötzlich und nahm meine Hand. »Bitte, bitte, das ist ganz wichtig für mich, versprich es mir!« Am liebsten jedoch würde sie in Deutschland Theater spielen und den Deutschen zeigen, daß sie keine Sissy mehr wäre. Ich würde doch August Everding kennen von den Münchner Kammerspielen, ob ich nicht mit ihm über sie sprechen könne, sie traue sich doch nicht ...

Es war sicher vier Uhr früh, als sie auf einmal aufstand und sagte:

»Mario, könntest du mich begleiten? Ich muß Alain suchen. Ich glaube, ich weiß, wo er ist.« Ich versuchte, sie davon abzuhalten. Ich konnte mir die Szene allzugut vorstellen und wäre nicht gern dabeigewesen. Doch sie bestand darauf. So fuhren wir in meinem Austin-Healey nach Parioli im Norden der Stadt und suchten in allen möglichen Straßen und Einfahrten Alains Ferrari. Romy zitterte, ob vor Spannung oder wegen der heraufkriechenden Kälte? »Hier! Ja, hier rein, da versteckt er ihn immer. Nein, doch nicht, fahr noch einmal zurück ...« Eine Stunde lang fuhren wir kreuz und quer durch die Straßen Pariolis, umsonst. Endlich gab sie auf. Ich hatte ihr meine Jacke um die Schulter gelegt, und wir fuhren zurück durch den Park der Villa Borghese. Als wir in die Piazza del Popolo einbogen, bat mich Romy anzuhalten. Der weite Platz war menschenleer.

»Hast du schon Fellinis La Dolce Vita gesehen?« fragte sie mich. Ich nickte.

»La dolce vita!« lachte sie bitter. »Komm, ich zeige dir was«, sagte sie und stieg aus dem Wagen. Sie führte mich zu der einen Ecke des großen Halbrunds der Piazza, unterhalb des Pincio.

»Bleib hier stehen!« Dann ging sie auf die andere Seite der Rundung, das sind gute hundert Meter, und blieb mit dem Gesicht zur Mauer stehen. Plötzlich hörte ich sie flüstern:

»Hörst du mich?« und es klang so nah, als stünde sie unmittelbar neben mir. Ich flüsterte zurück:

»Ja, ganz nah, das ist ja Wahnsinn!« Dann sah ich, wie sie sich auf den Marmorvorsprung an der Ecke hinsetzte, und auf einmal drang, noch unwirklicher als zuvor, ihre Stimme leise, aber doch ganz deutlich zu mir herüber:

»Meine Ruh' ist hin,
Mein Herz ist schwer;
Ich finde sie nimmer
Und nimmermehr.

Wo ich ihn nicht hab',
Ist mir das Grab,
Die ganze Welt
Ist mir vergällt.

Mein armer Kopf
Ist mir verrückt,
Mein armer Sinn
Ist mir zerstückt.«

Sie sprach das ganze Gretchen-Gedicht aus dem FAUST, eine beliebte Vorsprechszene auf jeder Schauspielschule, doch sie sprach es so verzweifelt und ergreifend, wie ich es nie gehört hatte. Ich merkte, wie sie mich mit jedem Wort stärker rührte, ich kämpfte dagegen an, indem ich mir sagte: ›Sie denkt dabei natürlich an ihren Alain‹, ich spürte einen Stich von Eifersucht und dachte, daß *der* so viel verzweifelte Liebe gar nicht verdiente, während Romy-Gretchen weitersprach:

»Sein hoher Gang,
Sein' edle Gestalt,
Seines Mundes Lächeln,
Seiner Augen Gewalt,

Und seiner Rede
Zauberfluß,
Sein Händedruck,
Und ach, sein Kuß!«

Ich war tief gerührt und merkte, wie mir die Tränen in die Augen stiegen. – Ihre Stimme schien mir nun immer lauter und leidenschaftlicher über den leeren Platz zu hallen, als sie schluchzte:

»Ach dürft' ich fassen
Und halten ihn

Und küssen ihn,
So wie ich wollt',
An seinen Küssen
Vergehen sollt'!«

Am Ende weinte sie eine ganze Weile leise vor sich hin, doch dann, ganz ohne Übergang, lachte sie laut, fast schrill auf und fragte: »Meinst du, das könnte Herrn Everding überzeugen?« Ich wischte verstohlen meine Tränen ab und verfluchte meine Rührung. Ich sah, wie sie aufstand und schnell auf meinen Wagen zuging, der mit offenen Türen wie ein großer schwarzer Käfer auf der leeren Piazza stand.

Es war hell geworden. Auf dem Weg zu ihrer Wohnung sprachen wir kein Wort. Sie ließ mich nicht aussteigen, nahm meine Jacke von ihrer Schulter, küßte mich flüchtig und flüsterte: »Danke!« Ich sah noch, wie sie die schmale Treppe hinaufhuschte und, mir noch einmal zuwinkend, verschwand.

Auf dem Weg zu meinem Hotel fuhr ich durch die noch menschenleere Stadt. Ich kam am Quirinalspalast vorbei und sah auf der schnurgeraden langen Straße einen silbernen Punkt mit rasender Geschwindigkeit auf mich zukommen und immer größer werden: Alain, in seinem Ferrari, wer sonst! Kaum an mir vorbei, bremste er, und das Quietschen mußte den armen Staatspräsidenten im Quirinal aus dem Schlaf reißen. Alain kam im Rückwärtsgang fast ebenso schnell zurück, hielt neben mir, der ich auch auf die Bremsen gestiegen war, und ich sah in Alains erstaunlich zerknittertes Gesicht. »Wo kommst du denn her?« fragte er heiser.

»Von Romy.«

»Was habt ihr denn bis jetzt gemacht?« fragte er und schaute auf die Uhr.

»Wir haben geredet.«

»Geredet?« Sein Gesicht bekam einen ziemlich dummen Ausdruck. Er dachte ein paar Sekunden nach, dann gab er wortlos Gas und war weg wie der Blitz.

Im folgenden Herbst flog ich kurz vor der Premiere von SCHADE, DASS SIE EINE HURE IST nach Paris. Ich rief Romy an. Eine Sekretärin antwortete. Ich wartete lange, dann sagte die gleiche Stimme, daß Madame nicht zu sprechen sei. Ich hinterließ eine Nachricht, versuchte es noch ein-, zweimal, nichts. Ich habe die Premiere und auch Romy nicht gesehen.

Wir trafen uns dann nur noch bei offiziellen Anlässen, Festspielen oder Filmbällen. Manchmal blieb es bei einer eher kühlen Begrüßung, dann wieder kam es vor, daß sie mir freudig in die Arme flog.

Irgendwann einmal hatten wir zusammen Walzer getanzt. Ich hatte mich nie für einen besonders guten Walzertänzer gehalten, doch Romy behauptete, daß sie noch mit niemandem so gut getanzt hätte und daß wir beide unbedingt einen Film drehen müßten, in dem wir beide Walzer tanzten ... Von da an tanzten wir noch öfter unseren Walzer, immer gegen Ende eines Balles, wenn die Tanzfläche fast leer war, oder wir tanzten auch in Nachtclubs, in die man noch nach dem Ball ging. Romy bestellte dann beim Orchesterchef oder beim Diskjockey einen Walzer, möglichst den Kaiserwalzer von Strauß, und sie tanzte, tanzte unermüdlich. Sie liebte es, sich bis zum Schwindligwerden zu drehen, zu drehen, zu drehen ...

Der Arzt von Saint-Tropez

Bei einem Segeltörn, den er als junger Medizinstudent von Marseille aus mit einer Schar von Freunden unternommen hatte, war Edgar Laval gegen Ende der zwanziger Jahre zum ersten Mal nach Saint-Tropez gekommen. Während die mondänen Städte der Côte d'Azur wie Monte Carlo und Nizza als die klassischen Ferienorte der adeligen oder neureichen Haute volée glänzten und man das noch völlig bedeutungslose Cannes links liegenließ, erfreute sich der kleine Fischereihafen, versteckt und ursprünglich geblieben, schon seit dem Ende des 19. Jahrhunderts des heimlichen Rufs einer Künstlerhochburg. Maler wie Cézanne, Signac, Matisse, Bonnard und Marquet hatten den Ort durch ihre Gemälde in Pariser Ausstellungen interessant gemacht. Aber nicht nur Maler zog es dorthin, sondern auch Schriftsteller wie Guy de Maupassant, Marcel Pagnol, die skandalumwobene Colette und die nicht weniger berühmte Modekönigin Coco Chanel.

Anfang der dreißiger Jahre, Edgar hatte sich inzwischen als Facharzt für Gynäkologie und Pädiatrie ausgebildet, sollte Saint-Tropez schicksalhaft für sein weiteres Leben werden.

Dr. Vincent Blanchard, der alte, einzige Arzt des kleinen Fischerdorfes war gestorben, und einer von Edgars alten Professoren der Universität von Marseille, ein Freund von Blanchard, hatte ihm die Chance, sich in dem Ort als Arzt niederzulassen, in schönsten Farben geschildert.

Da auch das Haus des verstorbenen Arztes günstig zum Verkauf stand, wäre es sicher ein Fehler gewesen, sich nicht wenigstens das Haus anzuschauen.

Edgar fuhr also an einem frühen Morgen in seinem kleinen offenen Renault, meist an der Küste entlang, von Marseille nach Saint-Tropez und saß um die Mittagszeit, obwohl es noch recht kühl war, vor dem »Café des Arts« auf der Place des Lices, einem der schönsten Marktplätze der Côte D'Azur, und schaute sich zuerst einmal die genau gegenüber liegende Villa des Arztes aus der Entfernung an. Nur wenige Boulespieler waren seinem Blick im Wege, auch die Platanen hatten erst kleine grüne Knospen angesetzt, und durch die noch kahlen Äste konnte er hinter einer hohen, grauen Steinmauer das weiße Haus mit einem für die Provence ungewöhnlich hohen, mit Schiefern gedeckten Dach sehen. Er rief den Kellner, zahlte seinen Pastis und den Kaffee, erhob sich und überquerte, die Bahnen der Boulespieler respektvoll umgehend, den Platz. Das schmiedeeiserne Tor war geschlossen. Zwischen den Gitterstäben erblickte er den etwas verwilderten Garten und die Fassade des Hauses. Das Ganze machte einen verwunschenen Eindruck und schien Edgar zu groß für seine Bedürfnisse. Er war allein, was sollte er mit einem Haus, das sicher zehn, zwölf Zimmer hatte? Sicher, es war ein schönes Gebäude, eine eher bretonisch oder südenglisch anmutende Stadtvilla, und der Preis, den ihm sein Freund genannt hatte, war erschwinglich. Er zog den Zettel mit dem Namen des Notars, der mit dem Verkauf des Hauses betraut war, aus seiner Manteltasche und fand dessen Kabinett gleich um die Ecke in der Rue Sibilli. Bei der Führung durch die Räume erfuhr Edgar, daß das prächtige Haus gegen Ende des Jahrhunderts von einem reichen Engländer erbaut worden war. Der hatte einen Teil des riesigen Grundstücks erstanden, das einmal dem General Allard gehört hatte und das groß genug für das Haus und den schönen Garten war. Die hohe Mauer wurde nur von zwei prachtvoll geschmiedeten Toren unterbrochen, ursprünglich als Ein- und Ausfahrt für die Kutschen, das eine Tor von der Place des Lices hinein- und das andere zur Rue Sibilli hinausführend.

Hinter dem Tor flankierten zwei prächtige Schirmpinien die Einfahrt, Beete mit blauen und rosa Hortensien säumten den roten Kiespfad, der geschwungen zum Haupteingang führte. Man trat in eine kleine Vorhalle ein, wo zur rechten Hand vor dem Eingang zur Praxis ein kleiner Schreibtisch stand, wohl der einer Empfangsdame, von der man in das Wartezimmer geführt wurde, an dessen Wänden ein rotes Plüschsofa und ringsum ein Dutzend Stühle mit schwarzen Ledersitzen standen, davor einige niedrige Tischchen, auf denen noch alte Zeitschriften für die ehemals wartenden Patienten lagen. Durch eine gepolsterte Tür betrat man das Ordinationszimmer des Arztes, dessen Wände bis auf Fenster und Türen hohe, jetzt leere Bücherregale aus edlem Mahagoni ausfüllten.

Durch eine mit Blumenmustern verzierte Glastür gelangte man in den privaten Bereich des Hauses. Hier betrat man zuerst einen großen Salon mit schweren, lederbezogenen Sofas, niedrigen Tischen auf Perserteppichen und in der erhöhten Ecke einem Pleyel-Stutzflügel, an den Wänden einige Gemälde im impressionistischen Stil von guter Qualität.

Edgar, der eigentlich mit einem leeren Haus gerechnet hatte, fand es noch vollständig möbliert vor, über der ganzen Wohnung lag aber eine etwas düstere, muffige Stimmung.

Eine gewundene Steintreppe führte ins Obergeschoß, wo sich die Schlafzimmer – ein sehr geräumiges und drei kleinere – sowie ein Bad befanden. Der Notar stieß die Fensterläden des großen Schlafzimmers auf. Von der Sonne geblendet schaute Edgar auf die Place des Lices hinunter und wußte sofort, daß er hier leben wollte. Er ließ dies jedoch den Notar nicht merken. Vielleicht konnte man ja noch um den Preis feilschen.

Nur drei Monate später, sein Vater hatte ihm mit einem Darlehen den schnellen Kauf ermöglicht, bezog Edgar das Haus, ohne die eigentlich notwendigen Arbeiten gemacht zu haben, die er auf Zeiten eines eigenen Einkommens verschob. Auch die alten Möbel waren geblieben, für die die Erben des alten Arztes wohl keine Verwendung gehabt hatten. Ein gelegentliches Gefühl von Einsamkeit verdrängte er mit Gedanken an ein zukünftiges, noch nicht wirklich vermißtes Familienleben mit Frau und Kindern.

*

Edgar wohnte und arbeitete jetzt, 1938, schon im siebten Jahr in Saint-Tropez. Nach den ersten Jahren hatten sich die von seinem Vorgänger »geerbten« Klienten allmählich um neue vermehrt, und er hatte dank seiner Kompetenz und seiner unterschiedslosen Freundlichkeit die Achtung der eher fremdenfeindlichen Tropezianer erworben – ein Mann aus Marseille galt damals durchaus als »étranger«, als Ausländer. Der einzige Makel, den er für einen Teil der Bewohner hatte, war, daß der gutaussehende, etwas schüchterne junge Arzt unverheiratet geblieben war. Für den weiblichen Teil der Bewohner allerdings war dies eher ein Anreiz und daher immer wieder der Anlaß für getuschelte Vermutungen oder gar geheime Wünsche. Es hatte Gerede gegeben, als er zu der vom Vorgänger übernommenen Sprechstundenhilfe, einer älteren, korpulenten, bebrillten Person aus dem Ort, zusätzlich eine junge, sehr hübsche Assistentin angestellt hatte. Da sie oft bei Spaziergängen zusammen gesehen wurden, nahm man sie als Freundin des Arztes, dann schon als zukünftige Braut, rechnete mit einer Heirat, aber nach weniger als einem Jahr verschwand die junge Frau über Nacht. Man war enttäuscht, und die Stimmung um den beliebten Arzt wäre fast umgeschlagen, als eine Frau aus dem Ort die ehemalige Assistentin in Cannes auf der Straße in hochschwangerem Zustand gesehen haben wollte. Das blieb ein Gerücht, bis einige Wochen später der Arzt mit einer anderen jungen Frau am Strand von Pampelonne gesehen wurde. Anlaß für neues Gerede und die Erwartung einer baldigen Bindung.

❋

Oben, genau in der Mitte über der hohen Bücherwand seines Ordinationszimmers stand die Büste des St. Tropez. Edgar schaute sie oft an, wenn er an seinem Schreibtisch saß und noch eine Zigarette rauchte, bevor er den nächsten Patienten hereinrufen ließ.

Er blies dann den Rauch in die Richtung des Ortsheiligen und wunderte sich immer wieder über die Geschichte, die man sich von ihm erzählte. Er soll ein in römischen Diensten stehender Offizier namens Torpes aus Pisa gewesen sein, der dort in frühchristlicher Zeit als Märtyrer geköpft worden war. Seinen kopflosen Leichnam hätten Gläubige heimlich, bevor er verscharrt werden konnte, zusammen mit einem Hund und einem Hahn in ein Boot gelegt und aufs Meer hinausgestoßen. Das Boot sei dann von der Strömung nach Nordwesten getrieben und mit dem Leichnam samt Hund und Hahn bei dem winzigen provenzalischen Fischernest Héraclée an Land gespült worden, das im Laufe der Zeit zu dem Dorf wurde, welches ihn zum Ortsheiligen gemacht und sich nach ihm genannt habe: Saint-Tropez.

An dieser Stelle der Legende angelangt, fragte er sich immer wieder, wie das mit dem Hahn und dem Hund gegangen sein mochte, er malte sich die verschiedensten Möglichkeiten aus, etwa die, daß sie bei der Ankunft noch lebten. Und würde der Hund sich nicht vor Hunger an dem Leichnam vergangen haben, oder zumindest an dem Hahn? Oder waren sie während der Fahrt verendet? Wieso, fragte er sich weiter, kannte man die Geschichte und den Namen des Kopflosen, und wem gehörte dann der

Kopf, den man seiner Büste aufgesetzt hatte und der ihn als einen römischen Ritter mit schmalem Bärtchen und einer Art Krone oder Turban zeigt, zumal der angeblich echte Kopf des Märtyrers im heimatlichen Pisa als Reliquie verehrt wird ...

Edgar löschte die Zigarette, erhob sich, ging zum Waschbecken, wusch sich noch einmal die Hände und dachte an den jungen Matrosen, der vorhin, den breiten Latz seiner Uniformhose heruntergeklappt, breitbeinig vor ihm gestanden hatte. Er hatte ihm den eitrigen Ausfluß aus der Harnröhre gedrückt und eine Gonorrhö diagnostiziert. Der junge Mann hatte sich angeblich hier im Ort vor ein paar Tagen bei einem Bordellbesuch angesteckt. Er wollte oder konnte aber nicht sagen, in welchem der zahlreichen Etablissements in der Rue Allard und den winzigen Nebengäßchen und bei welcher Prostituierten er sich den Tripper eingefangen hatte. So war es wieder einmal an ihm – den inzwischen alle im Dorf und in der engeren Umgebung wie zuvor seinen Vorgänger einfach nur »le Docteur« nannten –, die Person herauszufinden, bevor sie den halben Ort anstecken würde. Aber da die Prostituierten sich einmal im Monat bei ihm einer Kontrolle unterziehen mußten, konnte er hoffen, die betreffende bald zu finden.

Hier stellte sich bei ihm die Erinnerung an eine pikante Geschichte ein, die vor einigen Jahren zu schadenfrohem Getuschel Anlaß gegeben hatte. Er sah wieder die ganze Riege angesehener Männer des Ortes vor sich, welche, die meisten heimlich und verlegen, einige aber sogar stolz auf die Folgen ihrer außerehelichen Eskapade, damals zur Behandlung in Edgars Sprechstunde gepilgert kamen, um sich der Heilung der Geschlechtskrankheit durch jenes neue Wundermittel Penicillin zu unterziehen. Anschließend mußten die Patienten, dem Rat Edgars folgend, ihre ahnungslosen Ehefrauen unter dem Vorwand einer erfundenen prophylaktischen Impfung in seine Praxis schicken.

Und ausgerechnet mit dieser eher anrüchigen Episode hing zusammen, daß er der Liebe begegnet war, ein Ereignis freilich, das seinem männlichen Selbstwertgefühl die tiefe Wunde zugefügt hatte, die ihn seither quälte.

Auf der Suche nach den Verursacherinnen der Infektion war nämlich damals auch jene schöne, geheimnisvolle junge Frau ins Gerede gekommen, die einigen der inzwischen berühmten Maler und Schriftsteller, die sich zeitweise in dem noch stillen Fischerdorf aufhielten, als Modell gedient hatte und zu ihrer Muse erkoren worden war, jedoch von sittenstrengen oder einfach böswilligen Bürgern wegen ihres als anstößig geltenden Lebenswandels »la pute du pays«, die Dorfhure, genannt wurde.

Damals hatte Edgar, wohl mehr aus Neugier als

aus ärztlicher Sorge heraus, die skandalumwitterte Person aufgesucht. Er kannte nur ihren Namen: Juliette. Damals wußte er noch nicht, wie schnell die Tropezianer mit dem Wort »pute«, also Hure, zur Hand waren, und er glaubte noch heute bei der Erinnerung zu erröten, wie er an der Tür der kleinen Wohnung am alten Fischerhafen geklopft, sich ihr, als sie öffnete, vorgestellt und versucht hatte, ihr sein Anliegen vorzutragen; wie er, sowohl von ihrer außerordentlichen Schönheit als auch ihrer charmanten, selbstsicheren Art überrumpelt, nicht zustande brachte, ihr den Sachverhalt genau zu erklären, und sie gebeten hatte, in seine Sprechstunde zu kommen. Sie hatte in Anbetracht seiner allzu auffälligen Verwirrung in der Tat geglaubt, es wäre ein ungeschickter Versuch einer Annäherung, hatte amüsiert gelächelt und ihm versprochen, in den nächsten Tagen vorbeizukommen.

Sie war aber nicht in der Sprechstundenzeit erschienen, sondern hatte abends in der Dunkelheit, als er von einem Krankenbesuch zurückkehrte, am Eingangstor seiner Villa auf ihn gewartet. Verwirrt hatte er sie ins Haus gebeten, sie nicht in sein Sprechzimmer, sondern in den Salon geführt. Wieder mußte er sich eingestehen, daß sie, etwa in seinem Alter, eine äußerst verführerische Frau war, was seine Aufgabe, dieses peinliche Gespräch zu beginnen, nicht leichter machte. Er hatte weit ausgeholt, bis er dann doch mit vorsichtigen Worten auf die ansteckende Krankheit zu sprechen gekommen war, die einige der bekanntesten Persönlichkeiten des Dorfs befallen und die ihn veranlaßt hätte, als Arzt pflichtgemäß nach dem Ursprung der venerischen Krankheit zu fahnden. Er log, daß er außer den Prostituierten auch einige Damen des Dorfes, auch Ehefrauen der infizierten Herren, befragt hatte, ob sie Symptome der Krankheit an sich beobachtet hätten, die sich bei Frauen weniger lästig bemerkbar mache, aber ebenso gefährlich und hartnäckig wie beim männlichen Geschlecht sei. Der Arzt hatte ihr eine Zigarette angeboten, ihr Feuer gegeben und sich selbst eine angezündet. Sie saß lächelnd da, stieß mit gespitzten Lippen den Rauch aus und sagte unvermittelt: »Sie haben wohl vermutet, daß ich diejenige sein könnte, die diese ansteckende Krankheit verbreitet hat?«

Errötend, vor Verlegenheit fast stotternd widersprach er: »Aber nein, aber nein! Ich werde, wenn es nötig sein sollte, alle Männer und Frauen des Ortes befragen, die entweder als Infizierte und damit auch Infizierende der Seuche in Frage kommen. Der Ort ist klein, aber doch ein Fischereihafen, in den eine solche Krankheit durchaus von außen hereingetragen worden sein könnte.« Immer noch etwas spöttisch lächelnd sah sie ihn voll an und sagte: »Ich versichere Ihnen, daß ich keinerlei ungewöhnliche Veränderung bei mir beobachtet habe. Wenn aber unter Ihren infizierten Patienten ein Freund von mir sein sollte, so werde ich gerne zu einer Untersuchung kommen.«

Sie löschte die Zigarette in einem Aschenbecher, erhob sich und sagte: »Ich hätte mir eine weniger peinliche Unterhaltung mit Ihnen vorstellen können. Aber ich verzeihe Ihnen den Verdacht.« Zerknirscht bot er ihr an, sie nach Hause zu begleiten, doch sie wehrte ab: »Nein, danke, ich finde den Weg alleine.«

Er brachte sie zum Tor, ließ sie hinaustreten, schloß hinter ihr ab und stand noch lange da, seine glühende Stirn an die kühlen Gitterstäbe gepreßt. »Merde! Merde!« fluchte er in sich hinein. Er fühlte sich wie ein Schuljunge gegenüber dieser souveränen Frau. Er hätte diesen Stimmen im Ort keinen Glauben schenken dürfen. Jetzt hatte er sich für alle Zeiten blamiert. Er würde sie nie wiedersehen.

Sie ging ihm aber nicht aus dem Kopf, er sah sie vor sich mit ihren üppigen schwarzen Haaren, der weißen Haut ihres Gesichts und des atemberaubenden Dekolletés, den grüngrauen Augen und dem spöttisch lächelnden Mund. Eine Woche lang schickte er ihr täglich Blumen und wartete.

Und sie kam. An einem Sonntag mittag. Verlegen stand er in seinem Garten vor ihr und fand keine Worte. Sie half ihm: »Ich wollte es nicht darauf ankommen lassen zu erfahren, wie lange Sie mir jeden Tag Blumen schicken würden. Mir tun die Blumen leid, denn ich habe nicht so viele Vasen.« Er versuchte ein Lachen: »Immerhin nicht die schlimmste Form von Erpressung. Aber ich wollte Sie ganz einfach wiedersehen.«

»Das haben Sie nun geschafft.«

»Ich wäre gerne zu Ihnen gekommen, aber ich war mir nicht sicher, ob Sie mich empfangen hätten.« – »Als Arzt hätte ich Sie empfangen, als Überbringer von Blumen nicht.«

»Und darf ich fragen, als was *Sie* gekommen sind. Als Patientin, oder ...?« Sie schaute ihn abschätzend an und sagte:

»Ich habe gedacht, wenn Sie heute einen freien Tag haben, könnten Sie mich in Ihrem Wagen zu einer kleinen Spazierfahrt nach La Croix-Valmer einladen. Ich möchte dort einen Maler in seinem Atelier besuchen. Die Bilder in Ihrem Salon haben mich auf die Idee gebracht, daß Sie an Malerei interessiert sein könnten.«

»Die Bilder hier sind zwar noch von meinem Vorgänger, es sind aber einige ganz gute Impressionisten dabei. Aber Sie haben recht, ich liebe Malerei, wenn ich auch zugeben muß, daß mich inzwischen unsere neuen Maler mehr interessieren, von denen Sie ja einige persönlich zu kennen scheinen.« Sie öffnete groß ihre Augen und sah ihn forschend an.

Auf der Fahrt in Edgars offenem Renault auf der schmalen, kurvenreichen Straße zu dem kleinen Ort unweit von Saint-Tropez blieben beide längere

Zeit stumm, nur ab und zu gab sie ihm einen Wink für den einzuschlagenden Weg.

Als er sich schon mit der wortlosen Fahrt abgefunden hatte und vor Nervosität auch keinen vernünftigen Gedanken fassen konnte, fragte sie ihn schließlich so leichthin, als erkundige sie sich nach dem Wetter der letzten Tage: »Nun, waren Ihre Nachforschungen erfolgreich? Haben Sie die Übeltäterin herausgefunden, die unseren schönen Ort mit einer Geschlechtskrankheit zu überziehen droht?« – »Ich darf natürlich keine Namen nennen, aber es hat sich herausgestellt, daß es gleich eine ganze Gruppe von ehrbaren Bürgern aus unserem Ort war, die sich nach einem Pétanque-Turnier in einer größeren Stadt der Provence, die ich verschweigen möchte, beim anschließenden gemeinsamen Bordellbesuch angesteckt hat.« Sie lachte ein helles, amüsiertes Lachen.

Wenig später ließ sie ihn den Wagen vor einem niedrigen, einfachen Haus anhalten, er half ihr beim Aussteigen und folgte ihr zum Hauseingang.

Juliette klopfte an der Tür, es öffnete ein alter, bärtiger Mann. Juliette umarmte ihn und stellte ihm Edgar vor: »Das ist Dr. Laval, er ist Arzt in Saint-Tropez.« – »Hat's den alten Blanchard endlich erwischt?« fragte der Alte fröhlich. Edgar hüstelte verlegen: »Dr. Blanchard ist schon vor einigen Jahren gestorben, ich bin sein Nachfolger.« – »Wie die Zeit vergeht! Ich habe nie einen Arzt gebraucht.

Er hat meine Frau behandelt, bis sie starb. Das ist schon über zwanzig Jahre her.«

Sie waren in das typisch provenzalische Haus mit niedriger, balkengestützter Decke eingetreten, an allen Wänden hingen Bilder oder standen aneinandergelehnt überall auf dem Fußboden herum.

Edgar wunderte sich, als Juliette sich, ohne zu fragen, anschickte, Tassen und Teller auf den Tisch zu stellen, Wasser auf dem Gasherd zu erhitzen und Kaffee zuzubereiten. Edgar kam der Gedanke, daß dem alten Mann seine Bilder in einem nicht gerade gängigen, gegenständlichen Stil bestimmt nicht aus den Händen gerissen würden, und ihn beschlich der leise Verdacht, Juliette hätte ihn mit dem Hintergedanken hierhergebracht, daß er dem Maler ein Bild abkaufen könnte. Er hätte Juliette deswegen keinen Vorwurf gemacht. Die Bilder gefielen ihm. Er schaute ratsuchend zu Juliette hinüber, bemerkte aber in ihrem Gesicht nur ein neugieriges Lächeln.

Als sie bei Kaffee und Kuchen saßen und er schließlich verlegen fragte, ob er eines der Bilder erwerben könne, war er sehr überrascht, als der Alte fast schroff sagte, er verkaufe seine Bilder nicht. Wieviel größer war seine Überraschung jedoch, als Juliette einwarf: »Aber Papa, denk jetzt bitte nicht, ich hätte den Doktor deswegen hierhergebracht, ich wollte einfach, daß du ihn kennenlernst, er versteht etwas von Malerei.«

Edgars Verwirrung war perfekt. Warum hatte sie von einem Maler gesprochen und ihm nicht gesagt, daß er ihr Vater war?

Auf der Rückfahrt klärte Juliette ihn auf – es war ihr Stiefvater. Er hatte ihre Mutter nach dem Tod von Juliettes leiblichem Vater geheiratet. Im Hinterland von Saint-Tropez hatte er eine kleine Töpferei betrieben, die außer Vasen und Blumentöpfen besonders Fliesen und Kacheln herstellte. Jahrzehntelang hatte er Muster für Kacheln entworfen und erst nach dem Tod von Juliettes Mutter mit dem Malen begonnen.

Bevor sie in Saint-Tropez ankamen, fragte Edgar Juliette, ob er sie nach Hause begleiten dürfe – zu ihrer Wohnung am alten Fischerhafen kam man nur zu Fuß. »Vorsicht, Docteur, wollen Sie sich mit mir auf der Straße sehen lassen?« – Jetzt nahm er all seinen Mut zusammen: »Natürlich hätte ich lieber gefragt, ob Sie noch auf ein Glas ins Haus kommen wollen.« Er spürte, wie sein Herz klopfte. Juliette sagte ohne Zögern zu.

Edgar führte sie ins halbdunkle Wohnzimmer, und bevor er sie zum Sitzen auffordern konnte, fand er sich in einer überraschenden und gleichzeitig selbstverständlichen Umarmung mit ihr wieder. In den ersten leidenschaftlichen Kuß hinein schrillte das Telefon. Er verharrte in der Umarmung, fest entschlossen, sie nie mehr loszulassen. Das Telefon läutete erbarmungslos weiter. Es war schließlich

Juliette, die sich behutsam von ihm löste, ihn anlächelte, während er die Schultern hochzog, sich kopfschüttelnd abwandte, zum Schreibtisch ging und den Hörer abhob.

Er müsse noch einen dringenden Krankenbesuch machen, meldete er niedergeschlagen, man habe schon einige Male angerufen. »Ich habe Sie also von Ihrer Pflicht abgehalten, Docteur«, sagte sie bedauernd. »Aber nein, auch ein Arzt hat das Recht … aber leider …« – »Müssen Sie jetzt gehen«, ergänzte sie.

Ob sie hier auf ihn warten wolle, es dauere bestimmt nicht lange. Juliette lächelte: »Dann wird es vielleicht schon Nacht sein, und das gehört sich doch nicht.« – »Sie haben vielleicht recht«, hörte er sich sagen und hätte sich im gleichen Augenblick ohrfeigen können.

Er hatte sich spätabends noch hingesetzt und ihr einen langen Brief geschrieben, aber sie reagierte nicht darauf. Sie verschwand einfach aus seinem Leben.

Er sah sie nur einmal, Monate später, vom Fenster seines Schlafzimmers aus am Arm eines hochgewachsenen, etwas älteren Mannes über die Place des Lices schlendern.

*

Gegen Ende eines warmen Altweibersommers war Edgar gegen Abend zum Strand von Pampelonne gefahren, der zu dieser Abendstunde unbelebt zu sein versprach. Tatsächlich sah er in der Ferne nur noch vereinzelte Strandbesucher. Er warf die Kleider ab und stürzte sich in die milde Brandung. Er genoß es, ausgiebig am Ufer entlang hin und her zu schwimmen. Schließlich suchte er Sandboden unter den Füßen, ruhte sich, im warmen Wasser stehend, aus und nahm zwischen den damals noch den Strand zierenden Pinien den malerischen Sonnenuntergang wahr.

Da erblickte er am Ufer im Gegenlicht eine dunkle Gestalt als Silhouette, und erst, als sie in den Schatten einer Pinie trat, erkannte er eine marmorweiße, nackte Venus, die ihm zuzuwinken schien, während sie ruhig die Uferböschung herabschritt, ins Wasser trat und auf ihn zu watete. Juliette! –

»Docteur!« rief sie, »ist es nicht herrlich hier?« Dann tauchte sie ein und schwamm mit eleganten Kraulschlägen an ihm vorbei gerade zum offenen Meer hinaus. Edgar schaute ihr nach. Sein Herz klopfte wie rasend. Sie war jetzt so weit draußen, wie er es nie wagte, und erst als er sie nicht mehr sah und schon glaubte, sie bliebe verschwunden wie eine Erscheinung, kehrte sie um und schwamm zurück auf ihn zu, tauchte auf, schüttelte das Wasser aus ihrer Mähne, blieb brusttief im Wasser stehen, kam langsam näher und schaute ihn mit einem betörenden Lächeln an. Er spürte so etwas wie einen elektrischen Schlag, darauf aber ein unendlich süßes Schwindligwerden, als ihre Beine ihn unten im blauen Wasser umschlangen ...

Tage und Nächte danach ging die Erinnerung an diese unwahrscheinliche Begegnung ihm nicht aus dem Kopf. Er wachte manchmal auf und glaubte, er habe dies alles nur geträumt.

Und wieder vergingen Wochen, zwei-, dreimal war er zu ihrer Wohnung gegangen, war wie ein verliebter Pennäler um ihr Haus gestrichen, hatte an die Tür geklopft: Nichts, sie blieb verschwunden. Dann, eines Nachts, klingelte das Telefon. Das wundert ihn nicht, immer wieder wurde er nachts zu Kranken gerufen, aber diesmal war sie es, Juliette. »Cher Docteur, ich hoffe, ich störe Sie nicht allzusehr. Nun braucht mein Vater doch einmal einen Arzt. Ich weiß nicht, was ihm fehlt, aber es muß etwas Ernstes sein.« Edgar wollte fast fragen, warum ihr Stiefvater oder sie nicht den Arzt in Croix-Valmer gerufen hätte. Als hätte sie seinen Gedanken erraten, sagte sie: »Er selbst hat nach Ihnen verlangt.« – »Meine Tochter soll mir ihren Doktor schicken«, habe er den Nachbarn gesagt, die ihn unweit seines Hauses offenbar nach einem Schwächeanfall gefunden und ins Haus gebracht hatten. – »Warten Sie beim ›Gorille‹ auf mich, wir fahren hin!« rief Edgar und hängte auf.

Er hatte erwartet, Juliettes Stiefvater als Schwerkranken im Bett vorzufinden, doch als sie ankamen, öffnete der Alte selbst schon wieder die Tür. Juliette rief mit leichtem Vorwurf in der Stimme: »Aber Papa, du läßt den Doktor mitten in der Nacht von Saint-Tropez hierherkommen und bist schon wieder springlebendig!« – »Gerade noch lebendig«, knurrte der und ließ sie eintreten. Edgar, nun ganz Arzt, hieß ihn sich hinlegen, prüfte Puls und Blutdruck, und es stellte sich heraus, daß der Alte in der letzten Zeit öfter unter Schwindelanfällen gelitten hatte und auch ein- oder zweimal ohnmächtig geworden war. Eine durchaus behandelbare Herzschwäche. Auf seine Bemerkung, »Das Schlimmste bei einem solchen Ohnmachtsanfall ist die Angst, vielleicht nicht wieder aufzuwachen«, versuchte Edgar, humorvoll beruhigend zu reagieren. Juliettes Angebot, bei ihm zu bleiben, schlug der Alte rundheraus ab.

Als Edgar und Juliette sich verabschieden wollten, murmelte der Alte: »Sagen Sie Juliette, wieviel ich Ihnen schulde. Es soll aber nicht die Bezahlung sein, wenn ich Sie diesmal bitte, ein Bild von mir anzunehmen, was ich Ihnen damals so grob abgeschlagen habe. Sie würden mir eine große Freude machen.« – »Ich werde mir eines aussuchen, aber bei Tageslicht«, erwiderte Edgar lächelnd.

Es sollte nicht mehr dazu kommen. Nur eine Woche später rief Juliette ihn an und teilte ihm mit, daß man ihren Stiefvater, der offenbar ohnmächtig geworden und eine Treppe hinuntergestürzt war, tot aufgefunden hatte. Bevor Edgar sie fragen konnte, wie er ihr helfen könne, hatte sie aufgehängt. Dann hatte er in der Zeitung gelesen, daß der Maler Matthieu Vaillant in Saint-Tropez bestattet würde. Edgar ging zum Begräbnis hinunter zum Friedhof, wohl einem der schönsten der ganzen Mittelmeerküste, der unterhalb der Zitadelle gleich am Golf lag. Er hatte sich in die Reihe der zahlreichen Kondolierenden eingeordnet. Sie nickte ihm dankbar zu und drückte stumm seine Hand, und er spürte, wie weit sie von ihm fort war.

*

Etwa ein halbes Jahr nach der Beerdigung lernte Edgar auf einer Ferienreise mit mehreren, meist verheirateten Kollegen Simone Dubois kennen, die hübsche blonde Tochter eines schon älteren, befreundeten Apothekers aus Lyon, den sie auf der Reise begleitete. Edgars Freunde schmunzelten schon über den Flirt der beiden, der allerdings mit dem Ende der Reise beendet zu sein schien.

Wenige Monate später meldete sich Simone, sie sei zufällig in Saint-Tropez. Edgar lud sie zu sich ein, und als er ihr das Haus zeigte, rutschte sie auf der oberen Treppe aus, wäre beinahe gestürzt, er fing sie rechtzeitig auf, hielt sie, selbst erschrocken, etwas zu lange in den Armen, womit er wohl ihren dankbaren Kuß provozierte. Als er sie danach verwirrt fragte, ob ihr das Haus trotz der glatten Treppe gefalle, verstand sie diese Frage offenbar als Heiratsantrag und sagte »Ja!«.

Sie heirateten ohne große Feierlichkeiten, die geplante Hochzeitsreise nach Marokko mußte ausfallen, da inzwischen der Zweite Weltkrieg ausgebrochen war. Im Herbst wurde ein Mädchen geboren. Schon fünfzehn Monate später folgte statt des erhofften Jungen wieder eine »pisseuse«, auch diesmal im eigenen Hause zur Welt gebracht, assistiert nur von einer alten Hebamme.

Der Krieg war mit der anfänglichen französischen Kapitulation 1940 nicht beendet, sondern sollte eigentlich erst beginnen. Der Südosten Frankreichs, die Küste von Mentone über Nizza fast bis nach Marseille wurde zur italienischen Besatzungszone erklärt, aber die deutschen Besatzer wollten vor allem die Kontrolle über den französischen Kriegshafen Toulon und besetzten die gesamte Côte d'Azur.

Saint-Tropez war für die Deutschen vor allem interessant, weil sie herausgefunden hatten, daß es wenige Kilometer landeinwärts eine Fabrik gab, in der bis zum Krieg Torpedos für die Engländer hergestellt wurden und die noch völlig funktionstüchtig war. Grund genug für die Deutschen, die einheimische Belegschaft zwangsweise wieder einzustellen, dazu ein Pionierregiment und deutsche Facharbeiter nach Saint-Tropez zu entsenden, um die Torpedoproduktion der deutschen Kriegsmarine nutzbar zu machen. So fiel im Frühsommer 1942 eine über 1000 Mann starke Truppe über Nacht in das Dorf ein. Wohnungen wurden requiriert, die betroffenen Dorfbewohner zogen zum Teil in kleine »Cabanons«, Hütten, die in den umliegenden Weinbergen in Friedenzeiten zur Unterbringung von Werkzeug und den italienischen Erntehelfern bei der jährlichen Weinlese dienten.

Das bisher von jeder Kriegseinwirkung verschont gebliebene Leben im Dorf änderte sich über Nacht. Auf einmal gab es Rationierung der Lebensmittel, Verdunkelung, nächtliche Ausgangssperre, Verbote und Anordnungen aller Art an den Hauswänden. Der von jeher ruhige provenzalische Trott erstarrte vollends zu fatalistischer Lethargie. Nur die Bordelle in der Rue Allard hatten seit dem Einrücken der Deutschen wieder einmal Hochkonjunktur.

Als Residenz für den Ortskommandanten hatte man mitten im Dorf »Le Chateau«, einen alten Wehrturm beschlagnahmt, dessen obere Stockwerke vor dem Krieg zu einer luxuriösen Wohnung ausgebaut worden waren. Deren Bewohner wurden ausquartiert, doch als der Offizier die Wohnung bezog, ließ er durch seinen Adjutanten eine Liste des Inventars zusammenstellen, die er dem Besitzer unterschrieben und gestempelt mit der Versicherung übergab, er werde die Wohnung, die er hoffentlich nur für die kurze Zeit bis zum baldigen Kriegsende in Anspruch nehmen müsse, wie ein Gast respektieren.

Es stellte sich heraus, daß dieser Oberstleutnant Friedrich von Hollweg ein kultivierter Mann war und frankophil aus familiärer Tradition. Er hatte in Straßburg studiert, sprach ein ausgezeichnetes Französisch und bewies sich als solider Kenner der französischen Literatur. Dazu spielte er hervorragend Klavier. Er legte von Anfang an Wert darauf, mit der Bevölkerung guten Umgang zu pflegen, Schikanen seiner Untergebenen zu verhindern, und für den Bürgermeister hatte er für alle vernünftigen Fragen ein offenes Ohr. Der beklagte gleich zu Beginn, daß die Fischer wegen der Ausgangssperre nach Anbruch der Dunkelheit nicht mehr zum Fischfang hinausfahren könnten. Monsieur Le Commandant möge bedenken, daß dies ja nicht nur der Bevölkerung, sondern auch ihm schaden würde, da er ja, wie sicher seine ganze Truppe, auch gerne »unseren guten frischen Fisch essen würde«. Von Hollweg ordnete also an, die Fischer von der Ausgangssperre zu befreien, was allerdings dazu führte, daß sich nun nachts in den Straßen scharenweise Männer tummelten, die sich den Patrouillen der Besatzer mit einem flugs erlernten deutschen »wir Fischèr« auswiesen. Von Hollweg selbst mußte über diese Schlitzohrigkeit lächeln und hob kurzerhand die Sperrstunde für *alle* Einwohner auf.

Nach einiger Zeit begann von Hollweg, Sonntagskonzerte für seine Truppe auf der Place des Lices oder am Hafen zu veranstalten, bei welchen er sich zuweilen selbst ans Klavier setzte und zu denen auch die Bevölkerung eingeladen war. Er gab Empfänge, an denen auch angesehene Bürger des Ortes, die einen arglos und geschmeichelt, andere wiederum verstohlen und notgedrungen teilnahmen.

Die Pariser Militär-Hauptverwaltung unter dem berüchtigten SS-Sturmbannführer Dr. Knochen befahl, für das besetzte Frankreich aktuelle Listen der Einwohner anzulegen, »mit besonderer Berücksichtigung verdächtiger und unerwünschter Subjekte wie: Juden, Emigranten, Freimaurer, Kommunisten und Vertreter der Kirchen«. Überdies seien die französischen Dirnen zu kontrollieren, damit sie die deutsche Mannes- und Wehrkraft nicht durch Geschlechtskrankheiten zersetzten.

Da man auf die Hilfe der lokalen Verwaltung angewiesen war, entstanden diese Listen nur zögerlich, und da sich am Ende außer dem alten Ortspfarrer keine erkennbar zu den inkriminierten Gruppen gehörende Bewohner fanden, konnte Oberstleutnant Friedrich von Hollweg, vielleicht etwas leichtfertig und im guten Glauben Saint-Tropez ohne beanstandete Personen, das hieß vor allem als »judenfrei«, nach Paris melden. Sein Adjutant, ein forscher, linientreuer Leutnant namens Bekker, spottete: »Judenfrei? Woher wollen Sie denn das wissen? Die Leute lügen doch wie gedruckt! Ich hätte wenigstens veranlaßt, daß alle Männer die Hosen runterlassen, dann hätte man sicher eine schöne Sammlung von ...!«

Von Hollweg unterbrach ihn: »Mag ja durchaus sein, Leutnant, daß noch ein paar Juden, Halb- oder Vierteljuden darunter sind, aber wollen Sie das denn unbedingt nach Paris melden? Das hieße doch nur, daß in ein paar Tagen die SS hier auftaucht. Wollen Sie das?« Und als Becker nicht gleich antwortete, schloß er ab: »Na also!«

In der Tat waren es mehr als ein paar Juden, die sich in Saint-Tropez und Umgebung verborgen hielten. In der sogenannten Prèsqu'île, der Halbinsel, einem schon immer bevorzugten Areal wenige Kilometer außerhalb des Dorfes, hatten reiche jüdische Familien, von den Rothschilds abwärts, schon seit dem Anfang des Jahrhunderts ihre Ferienhäuser, die jetzt als Unterschlupf dienten. Was die anderen verdächtigen Gruppen betraf, so wußte man, daß der alte Sénéquier, der Besitzer des heute noch berühmten Cafés am Hafen, Großmeister der Freimaurerloge »Les Vénérables« war. Und was der deutsche Kommandant sicher nicht wußte:

Seit 1942 hielt sich ein gewisser François Mitterrand nach drei Ausbrüchen aus deutschen Kriegsgefangenenlagern in Saint-Tropez, in einer Villa der Familie Schlumberger an der Plage des Graniers, versteckt.

Von Hollweg, ein eifriger Leser, hatte in der Rue Clémenceau nur wenige Schritte vom Hafen einen kleinen Bücherladen entdeckt. Als er zum ersten Mal den winzigen Laden betrat, begrüßte ihn eine ältere Dame, offenbar die Besitzerin. Er stellte fest, daß sie sich außerordentlich gut nicht nur in der französischen, sondern auch in der deutschen Literatur auskannte. Er fand es ungewöhnlich, daß sie die deutschen Dichternamen und Buchtitel völlig korrekt aussprach. Er fragte sie, ob sie Deutsch spräche, was sie, sichtlich aufgeregt, heftig verneinte. Von Hollweg blickte sie lange an und fuhr dann auf Deutsch fort: »Liebe gnädige Frau, ich versichere Ihnen, daß Sie keine Angst haben müssen. Es ist keine Schande, deutsch zu sprechen, auch wenn Sie – eine Jüdin wäären.« Die Frau hatte ihn erstarrt angesehen, aber den lang gezogenen Konjunktiv hatte sie wohl gehört und als Rettungsanker verstanden. Von Hollweg hatte dann bezahlt, die Bücher genommen und sich zum Gehen gewandt. An der Tür, die so klein war, daß er sich bücken mußte, drehte er sich noch einmal um und sagte: »Bitte, seien Sie unbesorgt. Auf Wiedersehen.«

Die anfängliche Feindseligkeit gegenüber den

»Boches« und ihrem Kommandanten verwandelte sich gewiß nicht in Beliebtheit, aber machte doch dem allgemeinen Urteil Platz, daß man es mit den Besatzern hätte schlechter treffen können. Wenn der Offizier etwa eine Bar betrat, gab es durchaus Leute, die sich auffallend schnell verdrückten, andere ihn hingegen ignorierten oder gar ehrerbietig grüßten.

Eines Tages meldete sich am Telefon in Edgars Praxis eine aufgeregte Stimme und bat den Monsieur Docteur Laval, sich umgehend zum Wohnsitz des Herrn Ortskommandanten zu begeben, der sich beim Fußballspiel am Sandstrand an einem rostigen Stück Metall böse am Fuß verletzt habe.

Edgar sah kein Problem darin, den deutschen Offizier zu behandeln, für ihn war er ein Patient wie jeder andere. Er machte sich auf den Weg zum Schloßturm, über dessen Zinnen jetzt die deutsche Kriegsflagge wehte. Er trat durch das Eingangstor und erklomm die steilen Treppen der unteren Stockwerke zu der schmalen Wohnungstür. Er hob den schweren Messingring mit dem Löwenkopf und ließ ihn an die Tür schlagen. Nach einer Weile hörte er im Innern Schritte die Stufen herabklappern, sich der Tür nähern, in deren schwerem Schloß ein Schlüssel geräuschvoll gedreht wurde, und als die Tür sich knarrend öffnete, sah Edgar vor sich zuerst zwei Frauenbeine, dann über den

Knien ein bunt geblümtes Sommerkleid und dann – Juliette.

Einige Sekunden lang standen sich beide wortlos gegenüber. Edgars Herz klopfte wieder einmal wie seit Jahren nicht mehr, was ihn verwirrte, aber gleichzeitig beschämte. Er brachte kein Wort heraus, während sie ihn mit ihrem überlegenen Lächeln seinem Erstaunen überließ und schließlich unbeschwert grüßte: »Bonjour, Docteur! Kommen Sie bitte mit!« Er folgte ihr die letzten Stufen hinauf in das geräumige Halbrund des Salons, durch dessen große Scheiben sich ein beneidenswerter Blick über den Hafen, den tiefblauen Golf und die Berge jenseits bot.

Edgar fand den Deutschen in Hemd und kurzer Hose, den verletzten, notdürftig verbundenen Fuß seitlich auf einen Stuhl gelagert, vor einem veritablen Konzertflügel auf dem Klavierschemel sitzend an. Auch der Offizier begrüßte den Arzt auf Französisch und fügte hinzu: »Juliette hat mir von Ihnen erzählt, Gutes übrigens!«

Edgar vermied, zu ihr hinüberzuschauen. Er stellte seine Arzttasche auf dem nächsten Tisch ab und wandte sich seinem Patienten zu. Er hätte gerne eine Konversation vermieden, aber dem Deutschen war trotz der Schmerzen, die er haben mußte, zum Plaudern zumute. Er fragte Edgar nach seiner Herkunft, seinem Studium und blieb trotz der einsilbigen Antworten, die er erhielt, gut gelaunt. Als Edgar den Verband abnahm, sah er die häßlich klaffende, tiefe Wunde am inneren Fuß unterhalb des Knöchels. Er reinigte die Wunde von Sand und Schmutz. Er fragte den Offizier, ob es denn keinen Wundarzt in seiner Truppe gäbe, er sei schließlich kein Chirurg, die Wunde müsse genäht werden und es würde auch eine lokale Anästhesie vonnöten sein und mit dem dazu Nötigen sei er nicht ausgestattet. Warum man ihn nicht in das kleine Hospital hier am Ort gebracht habe. Der Deutsche lachte: »Kommen Sie, Docteur, das werden Sie doch schaffen, diesen kleinen Kratzer zu nähen. Machen Sie schon, ich werde eben die Zähne zusammenbeißen.«

Hier griff Juliette plötzlich besorgt ein: »Hör auf den Docteur, Frédéric! Du solltest dich im Krankenhaus behandeln lassen, wenn er es meint.« – ›Aha! Sie nennt ihn Frédéric, nicht Friedrich.‹ – »Aber nicht doch«, erwiderte Hollweg, »es wäre sicher schmerzhafter, die steilen Treppen wieder runterzuhumpeln. Nein, nein, Sie machen das schon, allez, Docteur!«

Er stand auf und hüpfte auf einem Bein zu einem Diwan und ließ sich darauf nieder. Edgar machte sich an die Arbeit. Er sparte nicht mit Jodtinktur, kein Muckser. Dann schloß er die Wunde mit acht Stichen, und jetzt mußte er zugeben, daß der Kerl zumindest kein Weichling war. Während er selbst ins Schwitzen geriet, zuckte der Deutsche während der ganzen Operation nicht mit der Wimper, scherzte zwischendurch sogar, bat Juliette, etwas auf dem Flügel zu spielen, und Edgar staunte nebenbei, daß ihr Spiel ganz passabel war.

Als er sich verabschiedete, begleitete Juliette ihn wieder zur Tür. Sie ergriff seine widerstrebende Hand und flüsterte: »Merci!« Und ohne die Tür zu schließen, eilte sie die Treppe hinauf. Edgar blickte ihr nach, bis sie verschwunden war, und zog die Tür an dem Messingring hinter sich zu. Auf dem Weg die steilen Treppen hinunter kämpften Eifersucht und Verachtung in seinem Kopf: Juliette eine »collabo«, wie man die mit den Deutschen kollaborierenden Landsleute nannte.

Widerstrebend stellte Edgar fest, daß der deutsche Offizier hingegen Eindruck auf ihn gemacht hatte. Bei weiteren Besuchen – Juliette war meistens nicht zugegen – unterhielten sie sich angeregt und erstaunlich offen. Von Hollweg nannte das russische Abenteuer den größten Fehler Hitlers, er mokierte sich über den »Gröfaz«, den größten Feldherrn aller Zeiten, und der Fall Stalingrads im vergangenen Winter hatte nach seiner Einschätzung die sich abzeichnende Niederlage der Deutschen eingeläutet. Edgar bemerkte jedoch, daß der Offizier sich jeder Bemerkung politisch-kritischer Art enthielt, wenn sein Adjutant zugegen war, obwohl sie sich doch auf Französisch unterhielten, das der junge Leutnant nicht sprach. Wenn Juliette dabei war, beobachtete Edgar nicht ohne Eifersucht, wie zurückhaltend und respektvoll der Offizier sich ihr gegenüber verhielt.

Seinem allzu forschen Adjutanten Leutnant Bekker war wohl zu verdanken, daß von Hollwegs Ruf als Franzosenfreund und laxer Soldat zu der deutschen Hauptverwaltung in Paris drang.

Ein unmißverständlicher Ukas des SS-Sturmbannführers Dr. Knochen aus Paris erinnerte den Bezirkskommandanten von Hollweg daran, wer die Feinde des Deutschen Reiches seien, die es gnadenlos auszuliefern gelte, und wo man ihrer habhaft würde. Die abgelieferte Einwohnerliste des Judennests Saint-Tropez, die ihm vorliege, könne doch wohl nur ein Witz sein.

Offenbar nahm von Hollweg dies alles nicht ernst genug, denn Ende Juli 44 wurde er von seinem Posten abgelöst und nach Paris beordert. Bemerkenswert ist sicher noch, daß dieser deutsche Offizier nicht den Ort verließ, ohne mit dem Turmbesitzer, die Liste des Inventars abhakend, durch die Wohnung zu gehen, um festzustellen, daß während seines Aufenthalts nichts von der Einrichtung zerbrochen oder verschwunden war.

Ob von Hollweg je in Paris ankam und was ihn dort erwartete, war lange Zeit ungewiß, man erfuhr später, daß er am 22. August bei der Schlacht um Paris eingesetzt worden war, das am 24. von den Alliierten befreit wurde, und daß er zu den

10 000 deutschen Soldaten gehörte, die sich dort den Amerikanern als Kriegsgefangene ergeben hatten.

Der neue Kommandant von Saint-Tropez, ein junger SS-Offizier, in allem das völlige Gegenteil vom vorigen, hatte sich von Anfang an verhaßt gemacht, als er in der Ebene unterhalb von Ramatuelle einen großen Zwergpinienwald kahlschlagen ließ, um dort ein Flugfeld anzulegen, dessen Bau nicht einmal in Angriff genommen werden konnte, weil am 15. August 44 die »Operation Dragoon« startete, nach dem D-Day, der Invasion vom 6. Juni in der Normandie, die zweitgrößte des ganzen Krieges. Im Morgengrauen landete die 7. US-Armee unter General Patch an dem fünf Kilometer langen Strand von Pampelonne, nur ein paar Kilometer von Saint-Tropez entfernt.

Der deutsche Ortskommandant war fest entschlossen, Saint-Tropez »bis zum letzten Blutstropfen« zu verteidigen, was zur Folge hatte, daß während der ebenso kurzen wie sinnlosen Kampfhandlung einige Häuser im alten Fischerdorf von den Amerikanern zerschossen wurden, während die geschlagen fliehenden Deutschen zuvor den alten Hafen, die Zitadelle und den Bahnhof in die Luft gesprengt hatten.

Für Juliette verlief das Kriegsende glimpflich. Sie hatte sich in das kleine Haus ihres Stiefvaters in La

Croix-Valmer zurückgezogen. Sie wurde zwar angezeigt, von den Amerikanern verhört und wohl auch einige Tage eingesperrt. In Paris hätte man ihr gewiß, wie oft gesehen, das Haupthaar geschoren und sie als »pute collabo« durch die Straßen getrieben, aber so radikal war man eben im provinziellen Süden nicht. Sie blieb ungeschoren, hielt sich aber von Saint-Tropez fern.

Daß Edgar den deutschen Offizier einige Male behandelt und über seine ärztliche Pflicht hinaus fast freundschaftlich mit ihm verkehrt hatte, wurde ihm nach dem Krieg von einigen Bewohnern des Ortes eine Zeitlang verübelt, doch da man ihn brauchte, er selbst unverändert freundlich und hilfreich war, wurde es verziehen und allmählich vergessen.

Der erste Sommer nach Kriegsende war noch von den allgemeinen Wirren der Nachkriegszeit gekennzeichnet, man litt zwar keinen Hunger, aber es mangelte immer noch an vielen lebenswichtigen Dingen, doch die neuen Verantwortlichen gingen mit viel Energie daran, die Trümmer zu beseitigen und den Hafen sowie die Zitadelle und die zerstörten Häuser wieder instand zu setzen. Und schon ein Jahr später begann Saint-Tropez wieder Urlaubsziel zu werden, zuerst noch für die Franzosen aus Paris und den größeren Städten des Nordens, dann aber tauchten die ersten Ausländer als

Touristen auf. Zuerst kriegsnostalgische Amerikaner, dann Engländer, Belgier und Holländer, und schließlich trauten sich auch die ersten Deutschen zaghaft nach Saint-Tropez, das heißt, sie nahmen mit außerhalb des Ortes liegenden Zeltlagern vorlieb, die später allmählich, mit dem deutschen Wirtschaftswunder Schritt haltend, zu immer bequemer ausgestatteten Campingplätzen wurden, und dieser Brauch sollte sich durch viele Jahrzehnte bis heute erhalten.

Einer der ersten deutschen Touristen, die sich zu den Sommerferien direkt im Dorf einstellten, dort in der damals einzigen Herberge, dem Hôtel de Paris, logierten, war jemand, mit dem keiner gerechnet hatte, ein Mann, der vor erst drei Jahren das Dorf in deutscher Uniform verlassen hatte, niemand anderer nämlich als Herr Friedrich von Hollweg. Zuerst empfing man ihn mit zwiespältigen Gefühlen. Manche waren empört: »Quel culot!« Welche Unverschämtheit! Das schien der großen Liebe des Deutschen zu Saint-Tropez keinen Abbruch zu tun, denn er kam schon im folgenden Jahr wieder, und Edgar war überrascht, als sich eines Tages Herr von Hollweg telefonisch meldete und nicht als Patient, sondern privatim um ein »Wiedersehen« bat.

Edgar erwartete ihn im Garten, wo seine beiden Töchterchen spielten und das dritte Kind, zu

Edgars Leidwesen wieder ein Mädchen, in seiner Korbwiege von einem Kindermädchen geschaukelt wurde.

Der Deutsche erschien nicht allein. Edgar öffnete das Eingangstor, die Männer begrüßten sich wie alte Freunde: »Mon cher Edgar!« – »Mon cher Frédéric!« Dann stellte der teure Friedrich seine Begleiterin vor, obgleich sie sich ja kennen würden, nicht wahr? Es war Juliette. Und er fügte hinzu: »Meine Frau.«

Viele Jahre sind vergangen. Edgar hatte seine Praxis wegen Herzproblemen vorzeitig aufgegeben und war mit seiner Familie nach Marseille in sein Elternhaus zurückgezogen. Das große weiße Haus an der Place des Lices wurde verkauft und von den neuen Besitzern in ein kleines, aber exklusives Hotel, »La Maison Blanche«, verwandelt.

Daß der würdige weißhaarige Herr, der immer wieder nach Saint-Tropez zum Markt kam, während des Krieges einmal der deutsche Stadtkommandant gewesen und daß die Frau an seiner Seite, deren Gesichtszüge selbst im Alter noch ihre frühere Schönheit erkennen ließen, einmal »Juliette die Dorfhure« und eine »collabo« geschimpft worden war, das weiß wohl – außer der immer kleiner werdenden Schar der Überlebenden, zu der auch der Erzähler dieser Geschichte gehört – niemand mehr.

Vor der Landung

»Meine Damen und Herren, wir werden in wenigen Minuten auf dem Flughafen Leonardo da Vinci in Rom landen und bitten Sie, das Rauchen einzustellen, Ihre Sitzgurte wieder festzuziehen und die Lehnen Ihrer Sitze senkrecht zu stellen. Ladies and gentlemen ...«

Sam Helman klappte das Buch zu, in dem er zerstreut gelesen hatte: STEPHEN HAWKING – EINE KURZE GESCHICHTE DER ZEIT –, verstaute es in seinem Aktenkoffer und schaute auf die Uhr. Sicher, er hätte noch die Anschlußmaschine nach Neapel erreichen können, aber die letzte Fähre nach Ischia hätte er nur mit hängender Zunge oder vielleicht gar nicht mehr erwischt, und der Gedanke, in Neapel übernachten zu müssen, hatte ihn seinen Reiseplan kurzfristig ändern lassen. Er würde über Nacht in Rom bleiben, in seinem kleinen Lieblingsrestaurant in der Vecchia Roma zu Abend essen und morgen früh mit einem Leihwagen gen Süden fahren. Zufrieden lehnte er sich zurück und schaute aus dem kleinen Fenster zu seiner Linken. Gerade verschwand der Lago di Bracciano aus seinem Blickfeld. Auf der rechten Seite würde er schon den langgezogenen Strand nördlich von Fregene sehen, hier auf der linken tauchte das Band der Autobahn Rom–Civitavecchia auf, verstreut lagen ein paar Bauernhöfe mit Herden schwarzweiß gefleckter Kühe, hier und dort noch ein kleines Wäldchen. Der Schatten des Flugzeugs huschte immer größer werdend über Felder und Wiesen, Sam schätzte die Flughöhe auf gerade noch dreihundert, zweihundertfünfzig Meter, als er plötzlich eine Szene beobachtete, die ihm den Atem stocken ließ: Mitten auf einer kleinen Lichtung stand ein Mann mit erhobenen Armen, während vom Rand des Wäldchens her ein anderer auf ihn zulief, der eine Waffe auf ihn richtete, ein kurzer Feuerstoß, der Mann auf der Lichtung stolperte, stürzte, brach zusammen ... Und da war die gespenstische Szene schon unter, hinter Sam verschwunden, nur wenige Minuten später sah man schon die Straße, die nördlich am Flughafengebiet entlangläuft. Die üblichen Beobachter, Landungsvoyeure ließen das landende Flugzeug nur wenige Meter über ihre Köpfe donnern und holten sich ihren Kick, dann setzten die Reifen kreischend auf den schwarzen Asphalt der Landebahn auf, die Triebwerke heulten im Gegenschub auf, aus dem hinteren Teil der Passagierkabine erscholl der erleichterte Applaus einer Touristen- oder Pilgergesellschaft über die gelungene Landung, dann rollte die Maschine langsam auf das weit im Hintergrund liegende Flughafengebäude zu.

Sam saß immer noch wie gelähmt auf seinem Sitz, begann sich nun umzuschauen, ob vielleicht jemand außer ihm den Zwischenfall auf der Wiese bemerkt hatte, doch offenbar hatte keiner von jenem Geschehen etwas mitbekommen.

Im Flughafengebäude angekommen, passierte er die Paßkontrolle, wartete aber nicht auf sein Gepäck, sondern trat sofort in das Zollbüro. Die Schreibtische waren nicht besetzt. Eine grüne Traube uniformierter Zöllner stand um einen winzigen Fernseher geschart und verfolgte mit temperamentvollen Kommentaren ein Fußballspiel. Sam stand vor einem der Schreibtische und versuchte, mit lautem Husten Aufmerksamkeit zu erlangen. Schließlich bequemte sich einer der Zollbeamten, seine Sportbegeisterung zu zähmen, und wandte sich Sam zu. Als dieser sagte, er hätte einen Mord anzuzeigen, bemerkte der Beamte unbeeindruckt: »Dann sind Sie hier falsch. Wenden Sie sich an die Flughafenpolizei!« Er ließ Sam einfach stehen, und sein ganzes Interesse galt wieder dem Fußballspiel.

»Wie steht's denn?« fragte Sam, es sollte sarkastisch klingen. »1:0 für Lazio«, sagte der Mann, ohne sich umzudrehen. Sam erfragte den Weg zur Flughafenpolizei und trat wenig später in ein ähnliches Büro wie das der Zollbehörde. Auch hier das gleiche Bild, nur daß es dunkelblau uniformierte

Beamte waren, die um einen Fernseher herumstanden, nur etwas weniger begeistert als die Zöllner, denn offenbar hatte die Mannschaft von Lazio gerade einen Gegentreffer kassiert. So trennte sich einer der Polizisten leichter von dem Geschehen auf dem Fernsehschirm, und Sam konnte endlich seine Anzeige erstatten. Der Beamte hob erstaunt seine dichten Brauen: einmal nicht eine gestohlene Brieftasche oder eine verlorengegangene Großmutter. »Sie haben einen Mord beobachtet?« fragte er und setzte sich hinter den Schreibtisch. Sam schilderte, was er vom Flugzeug aus gesehen hatte, und es entging ihm nicht, daß sein Gegenüber die Geschichte nicht ernst zu nehmen schien, denn der Beamte wandte sich an seine Kollegen, die sich vom Geschehen auf dem Fernsehschirm nicht trennen mochten. »Ragazzi«, rief er hinüber, »hört euch das einmal an! Dieser Gentleman hier hat vom Flugzeug aus einen Mord beobachtet. Er hat im Anflug auf den Flughafen hier ein paar Minuten vor der Landung gesehen, wie unten auf einer Wiese ein Mann erschossen wurde.«

Das Interesse am Geschehen auf dem Fernsehschirm schien tatsächlich für Augenblicke nachzulassen und wandte sich Sam und seiner unwahrscheinlichen Geschichte zu. Der Sam gegenübersitzende Beamte genoß die Aufmerksamkeit der andern, er lehnte sich in seinem Stuhl zurück und wurde ganz Sherlock Holmes: »Haben

Sie erkennen können, um was für eine Waffe es sich handelte?« – »Natürlich nicht«, erwiderte Sam, »ich sah nur das Mündungsfeuer und den anderen Mann, wie er getroffen zu Boden stürzte.«

»Wieso können Sie behaupten, daß es sich um einen Mord handelte? Sie können doch wohl nicht vom Flugzeug aus festgestellt haben wollen, daß der Mann tot war. Vielleicht war er nur verwundet, vielleicht war er nicht einmal getroffen und ließ sich nur zu Boden fallen.«

Sam biß sich wütend auf die Lippen. »Ich möchte meine Aussage ändern. Es kann sich natürlich auch um einen Mordversuch gehandelt haben. Ich hielt es nur für meine Pflicht, das Gesehene anzuzeigen, da es sich offensichtlich um ein Verbrechen handelte.«

»Was versprechen Sie sich denn von dieser Anzeige?« fragte der Beamte. »Daß wir am heiligen Sonntag nachmittag eine Kompanie von Polizisten auftreiben, die den von Ihnen beschriebenen Raum nördlich des Flughafengebiets durchkämmen, um einen Leichnam zu suchen, von dessen Existenz es keinen anderen Beweis als Ihre Behauptung gibt, eine Behauptung, die sich auf nichts als eine sekundenlange Beobachtung aus einem landenden Flugzeug heraus stützt?« Er machte eine Pause und schüttete den Rest schwarzen Kaffees aus einer kleinen Espressomaschine in eine Tasse, warf zwei, drei Zuckerwürfel hinein, rührte lange mit einem kleinen Löffel darin herum und wartete wohl auf eine Antwort. Als Sam, der zu bedauern begann, daß er überhaupt irgend etwas gesagt hatte, stumm blieb, fuhr er fort: »Nun, dann wollen wir zuerst einmal Ihre Personalien aufnehmen.« Er nickte einem der anderen Beamten zu, einem sehr jungen, pickeligen Burschen mit dicken Brillengläsern, der setzte sich an die Querseite des Schreibtischs, legte pedantisch Kohlepapier zwischen Formularbögen, lud die altmodische Schreibmaschine damit und schaute seinen Vorgesetzten erwartungsvoll an. Bevor der allerdings die erste Frage stellen konnte, fiel Sam ein, daß er sein Gepäck nicht abgeholt hatte, und er erklärte, daß er sich für ein paar Minuten entschuldigen müsse, damit er seinen Koffer bei der Gepäckausgabe abholen könne. Sam fühlte die Versuchung, den beobachteten Mord Mord sein zu lassen und sich einfach davonzumachen. Als könne er Gedanken lesen, sagte der Polizeibeamte:

»Aber das kommt doch gar nicht in Frage. Geben Sie mir Ihr Ticket mit dem Gepäckabschnitt, einer unserer Leute hier übernimmt das gerne, und – lassen Sie mich auch gleich Ihren Reisepaß sehen, wir brauchen ja auch Ihre Personalien ...«

Sam verfluchte seinen dummen Eifer. Er hätte jetzt im Taxi nach Rom sitzen, sich Gedanken darüber machen können, was er in seinem Lieblingsrestaurant zu Abend essen würde. Im Hotel würde er seine Freunde auf Ischia anrufen, ihnen seine Ankunft mitteilen. Indessen saß er hier auf dem harten Stuhl der Flughafenpolizei, beantwortete genervt die Fragen zu seiner Person, bedauerte immer wieder seine »Mordanzeige«, gleichzeitig ging ihm aber das, was er gesehen hatte, nicht aus dem Kopf; sosehr er sich einreden wollte, daß er das, was er aus dem Flugzeug gesehen hatte, gar nicht so deutlich habe sehen können, wie es sich ihm eingeprägt hatte. Gerade kam der junge Polizist mit Sams Koffer in das Polizeibüro, und der Beamte fragte Sam, ob er den Koffer öffnen wolle. Dann wurde der Inhalt sorgfältig untersucht.

Da er nichts Verdächtiges enthielt, fragte Sam schließlich, ob man auch seinen Aktenkoffer untersuchen wolle, und rechnete insgeheim damit, daß man darauf verzichtete. Aber der Beamte zeigte keinen Humor und meinte, daß man natürlich auch einen Blick da hineinwerfen wolle. Als diese Untersuchung ebenfalls nichts Bemerkenswertes zutage förderte, wollte Sam wissen, ob dies nun alles wäre und er endlich gehen könne. So einfach sei das nicht, meinte der Beamte, es handle sich schließlich um eine Mordanzeige, und dem müsse man doch nachgehen; wenn er, Sam, es schon für so wichtig gehalten hätte, Anzeige zu erstatten, dann müsse er doch an der Aufklärung der Geschichte interessiert sein. Sam scheute sich nicht zu sagen, daß sein Interesse an der ganzen Sache in der letzten Stunde erheblich abgenommen habe. Der Polizist hob den Telefonhörer ab, wählte eine Nummer, der Ton seiner Stimme und sein Gesichtsausdruck ließen darauf schließen, daß er mit einem Vorgesetzten sprach, dem er die Geschichte anhand des aufgenommenen Protokolls vortrug, dies in einem solchen Kauderwelsch, daß Sam seine eigene Beschreibung nicht wiedererkannte. Der Beamte legte den Hörer auf und sagte, daß man Sam in sein Hotel bringen würde, und welches Hotel es denn sei. Sam nannte widerwillig das kleine Hotel im Centro Storico.

»Das trifft sich gut. Sie müssen vorher nämlich noch bei der Quästur vorbei, das ist ganz in der Nähe.«

Wenig später saß Sam mit zwei anderen Polizisten und dem Fahrer in einem Wagen, mit Blaulicht und hin und wieder mit Sirenengeheul ging es über die Autobahn in die römische Innenstadt.

Es war dunkel geworden, als der dunkelblaue Alfa vor der Questura an dem Platz des Collegio Romano mit kreischenden Bremsen hielt. An diesem Sonntag abend war das Gebäude dunkel und leer bis auf ein Büro im Erdgeschoß. Sam mußte die gleichen Fragen noch einmal beantworten, und als er endlich glaubte, daß man ihn nun ins Hotel bringen würde, ging die Fahrt zum Sitz des Sismi, des militärischen Geheimdienstes. Als Sam fragte, was seine Beobachtung mit dem Geheimdienst zu tun habe, erfuhr er, daß die Möglichkeit bestünde, daß das beobachtete Verbrechen sich vielleicht auf militärischem Sperrgebiet ereignet haben könnte, das sich im Norden des Flughafengebiets befände.

Der Beamte des SISMI unterschied sich sehr von den Carabinieri. Er war jung und recht blond für einen Italiener, sein Kinn schmückte ein rötlicher Bart. Er war in Hemdsärmeln. Er entließ die Carabinieri ziemlich schroff, lud Sam ein, in seinem bequemen Büro in einem tiefen Sessel Platz zu nehmen, und bot ihm zu trinken an: »Scotch oder Bourbon, Mr. Helman?« Sam konnte sich nicht verkneifen zu sagen: »Müßte doch auch in Ihren Akten stehen, was ich trinke«, und fügte hinzu: »Zuerst mal ein Glas Wasser bitte.« Der Blonde stand auf, ging zu einem kleinen Eisschrank in der Ecke und kam mit einer großen Flasche Mineralwasser und einem Glas zurück. Dann setzte er sich an den Schreibtisch und nahm sich Sams Akte vor, während er am Telefon nach einem Mitarbeiter suchte, der mit »Leonardo« umgehen könne. Als Sam ihn fragend ansah, erklärte er: »›Leonardo‹ ist der große Computer im Keller. Wir müssen leider noch einige Einzelheiten Ihrer Angaben überprüfen. Reine Routine. Sie waren in diesem Jahr dreimal in Israel. Warum?« – »Ich schreibe an einem Buch über die industrielle Umwandlung von Meer- in Süßwasser, ein Gebiet, auf dem die Israelis führend sind, wie Sie sicher wissen.« – »Nein, das wußte ich nicht, wie interessant!« meinte der Geheimdienstler und stand auf. Er nahm seine Jacke von der Stuhllehne und fragte: »Wie wär's mit etwas zu essen, Mr. Helman? Mein Name ist übrigens Carlo. Wir haben ein gutes Lokal ganz in der Nähe.« Als sie die Straße überquerten, hakte er sich bei Sam ein und meinte wie nebenbei: »Versuchen Sie nicht, sich davonzumachen. Es würde mir leid tun, wenn ich schießen müßte.« Sam hatte tatsächlich daran gedacht, aber er hatte natürlich schon im Büro die Waffe bemerkt und den Gedanken wieder aufgegeben. Während des Essens sprach Sams Gegenüber von harmlosen Dingen und scherzte sogar, aber als Sam auf die Toilette ging, stand sein Bewacher auf und ging wie ein Schatten mit, und als Sams Begleiter danach zum Telefon ging, nahm er ihn in die Zelle mit. Das Essen verlief ganz normal. Sie unterhielten sich, ohne ein einziges Mal über Sams Mordgeschichte zu reden. Als die Rechnung kam, wollte sich Sam beteiligen, aber Carlo winkte ab: »Vater Staat bezahlt.«

Als die beiden wieder im Büro saßen, erschien endlich der Computermensch und befragte »Leonardo«, den Geheimdienstcomputer. Wenig später las Sam ein zwei Meter langes Papierband mit Details aus seinem Leben, an die er sich selbst nicht mehr erinnerte.

Es ging auf Mitternacht zu, als ein wortkarger Fahrer Sam zu seinem Hotel in der Altstadt chauffierte. Als der Nachtportier Sams Paß verlangte, zeigte ihm dieser den Zettel, den man ihm gegeben hatte und der besagte, daß die Polizei den Paß zwecks Nachprüfung einbehalten habe. Mürrisch verlangte der Portier Vorauszahlung, gab Sam schließlich den Zimmerschlüssel und fragte, ob er geweckt werden wolle. Sam schüttelte den Kopf, murmelte ein »Buona notte«, nahm seinen Koffer und stieg die teppichbelegte Treppe hinauf auf sein Zimmer.

Aus dem Ausschlafen wurde nichts. Das schrille Läuten des Telefons warf ihn fast aus dem Bett. Carlo war am Apparat und fragte, ob er gut geschlafen habe. Sam suchte den Schalter der Nachttischlampe, machte Licht und schaute auf die Uhr: 6:30.

Eine halbe Stunde später holte Carlo ihn ab. Sie gingen in eine Bar gegenüber und nahmen das typische Frühstück der Römer ein: Cappuccino und ein Cornetto. Dann stiegen sie in eine unauffällige Limousine, in der zwei Beamte warteten. Als Sam nicht fragte, wohin es denn ginge, sagte Carlo: »Wir fahren hinaus ins Grüne. Schau gut hin, ob dir die Gegend bekannt vorkommt.« Fast zwei Stunden lang kurvten sie in der Landschaft zwischen Flughafen und dem Lago di Bracciano herum, aber immer, wenn Sam meinte, den »Ort des Verbrechens« wiederzuerkennen, stimmte diese oder jene Einzelheit nicht, oder auf Carlos Befehl bog der Wagen um, da hier ja nicht die Einflugschneise verlaufe. Schließlich fuhren sie nach Rom zurück. Am Hotel angekommen, verlangte Sam seinen Paß zurück. Carlo versprach, ihn ihm ins Hotel zu schicken.

Gegen Mittag saß Sam in der Hotelbar, als ihm ein Mann auffiel, der schon so früh am Tage recht tief ins Glas geschaut zu haben schien. Da sie die einzigen Kunden waren, stellte sich der Angetrunkene vor als Nando Simonelli, seines Zeichens Maestro d'armi, »Stuntarranger«, wie man wohl auf englisch sagte, er habe schon in manchem Spaghettiwestern Schlägereien arrangiert. Doch es sei ja schon lange vorbei mit dem Westernfilm. Ab und zu gebe es noch Arbeit in billigen Fernsehfilmen. Sam hörte kaum hin, doch als Nando, ein grauhaariger Mittfünfziger mit ein paar Narben und einer Boxernase, erzählte, daß er erst gestern am heiligen Sonntag in der Nähe des Lago di Bracciano eine Schießerei für einen Fernsehkrimi gedreht habe, wurde Sam hellhörig. Beiläufig fragte er, warum man denn am Sonntag da draußen gefilmt habe, und bekam zur Antwort, daß am Sonntag wesentlich weniger Flugverkehr herrschte, an Werktagen könne man da ja gar nicht mehr drehen, da eine Maschine nach der anderen in ziemlicher Tiefe über das Gelände wegdonnere. Was hatte das zu bedeuten? War es wirklich ein Zufall, diesem Mann hier zu begegnen? Oder hatte man den hierhergeschickt, um Sam von einer unbequemen Entdeckung abzulenken? Es kam ihm doch allzu unwahrscheinlich vor, daß der Mann, der die Szene auf der Lichtung arrangiert hatte, hier bei ihm in der Hotelbar sitzen sollte. Wenn das nicht ein Schachzug des Geheimdienstes oder der Polizei war. Was erwartete man von einer solchen Aktion? Man wollte einen eventuellen Verdacht, daß es sich um mehr als einen banalen Mord handelte, aus dem Wege räumen. Sam entschloß sich spontan, das Spiel, wenn es ein solches war, mitzuspielen. So lachte er laut und schlug Nando auf den Rücken: »Na so was! Sie werden es vielleicht nicht glauben, aber ich habe gestern vor der Landung in Rom vom Flugzeug aus Ihre Filmszene beobachtet und für einen richtigen Mord gehalten! Ist das nicht ein Zufall? Gut, daß ich Sie treffe, denn ich habe diesen ›Mord‹ angezeigt. Da habe ich mich ja richtig lächerlich gemacht. Ich bin Ihnen ja so dankbar!« Er lud den Typen, der sich Nando nannte, zu einem Drink ein. Der war ganz gerührt und erzählte Sam ein paar alte Geschichten aus der Zeit, als in Italien noch Western gedreht wurden, die sich mit den amerikanischen Filmen dieses Genres sicher messen konnten. Dann schimpfte er auf das Fernsehen, das die Preise verdorben habe. Auf einmal schien er es doch eilig zu haben und verabschiedete sich wesentlich weniger betrunken als zu Beginn seines »Auftritts«, obwohl er inzwischen doch einige Drinks mehr reingekippt hatte; oder sollten auch diese Drinks nicht echt gewesen sein? Als Sam nach dem leeren Glas Nandos auf der Theke greifen wollte, kam ihm der Barmann mit einem schlauen Lächeln zuvor und räumte das Glas vor Sams Nase vom Tresen. Kaum war Sam wieder in seinem Zimmer, als das Telefon klingelte und Carlo vom Geheimdienst ihm verkündete, daß nun alles geklärt sei und sein Paß unterwegs ins Hotel sei. Er entschuldigte sich überschwenglich für die Unannehmlichkeiten, die ihm, Sam, widerfahren wären, wünschte ihm eine gute Weiterreise und einen angenehmen Ferienaufenthalt auf Ischia.

Sam packte seinen Koffer, ging dann zu Fuß zum Hertz-Büro in der Via Sallustiana, fuhr wenig später in einem kleinen Fiat am Hotel vorbei, lud sein Gepäck ein und atmete erst dann tief durch, als er Rom verlassen hatte und auf der Appia Nuova in Richtung Neapel rollte. Als er jedoch die grünen Straßenschilder sah, die nach rechts in Richtung Flughafen Fiumicino wiesen, fuhr der Wagen quasi ohne sein Zutun nach rechts hinaus, bog nach zwanzig Minuten vom Raccordo Anulare zum Flughafen ab, nahm die kleine Straße, die zwischen dem Flughafengelände und dem Meer nach Norden führte, bog bei Maccarese nach rechts ab, kurvte durch die Hügellandschaft auf Manziana beim Lago di Bracciano zu, fand wie von selbst den Feldweg, der zu jenem Waldgebiet führte, das er vom Flugzeug aus gesehen hatte und in dem die Lichtung liegen mußte, auf der sich vor ziemlich genau vierundzwanzig Stunden ein Verbrechen ereignet hatte, denn nun war Sam ganz sicher, daß er sich den »Mord« nicht eingebildet hatte, daß er hier ganz in der Nähe stattgefunden haben mußte. So war er nicht erstaunt, als er bald an der kleinen Kreuzung ankam, an der am Morgen die Polizisten um keinen Preis nach links abbiegen wollten, und wenig später stand er vor einem hohen Drahtzaun, hinter dem sich die Wiese, jene Lichtung, in deren Mitte der Mann zu Boden gestürzt war, erstreckte. Sam war sicher, dort noch Spuren zu finden, die sich, da es nicht geregnet hatte, noch nicht verwischt haben konnten. Um dies festzustellen, mußte er aber den Zaun übersteigen, und da der oben mit Stacheldraht gesichert war, sicher kein leichtes Unterfangen. Aber Sam dachte nicht lange nach, zog seine Jacke aus, warf sie über den Stacheldraht und kletterte los, spürte durch den Stoff seiner Jacke die Stacheln, die sich in seine Handfläche bohrten. Sam biß auf die Zähne, es gelang ihm, sich auf die andere Seite zu schwingen, er ließ sich hinunterfallen und landete nicht allzu unsanft im hohen Gras. Ohne zu zögern, rappelte er sich hoch und lief auf die Mitte der Wiese zu. Dann suchte er nach Spuren im Gras, als er plötzlich eine Stimme hörte: »Was machen Sie denn dort? Sind Sie denn völlig wahnsinnig geworden?« Sam fuhr herum und sah einen Mann, und als er näher kam, durchfuhr ihn ein Schreck. Es war niemand anderer als sein betrunkener Bekannter aus der Hotelbar: Nando Simonelli, der Stuntman. Auf einmal hatte er eine großkalibrige Pistole in der Hand, richtete sie auf Sam und schrie: »Weißt du Idiot denn nicht, was du angerichtet hast? Begreifst du das denn nicht?« Dann verzerrte sich sein Gesicht zu einer bösen Fratze, und sein Finger am Abzug krümmte sich langsam. Sam hob die Hände und hörte ein lautes Rauschen, bevor sich ein Schuß löste. Er spürte einen Schlag an der Schulter, verlor das Gleichgewicht, und während er wie in Zeitlupe nach hinten fiel, sauste ein riesiger Schatten über die Lichtung. Das Rauschen wurde zu einem ohrenbetäubenden Geräusch von Jetmotoren, und ein großes Düsenflugzeug glitt bedrohlich niedrig über Sam hinweg. Er spürte noch einen Stoß an der Schulter, er öffnete die Augen und sah dicht über sich das große lächelnde Gesicht der Stewardeß, die ihn wachgerüttelt hatte und freundlich sagte: »Würden Sie sich bitte anschnallen, wir werden gleich in Rom landen.«

Ein Mann spielt um sein Leben

Vor etwa zwölf Jahren rief mich meine Kollegin Gwendolyn v. A. an. Wir trafen uns, sie zeigte mir eine Akte mit einer Menge von Papieren, Zeitungsausschnitten, Photos, Skriptseiten und erzählte mir die dazugehörende Geschichte. Zum ersten Male hörte ich von dem Schauspieler Leo Reuss.

Die Photos zeigten einen Mann in den Vierzigern, und sie fragte, ob ich nicht eine gewisse Ähnlichkeit zwischen mir und dem Mann entdecken könnte. Diese Ähnlichkeit hätte sie auf den Gedanken gebracht, mich anzusprechen, denn das Leben des Leo Reuss schreie nach Verfilmung. Ich las die Geschichte und war fasziniert.

Wir entwickelten eine Strategie, wie man dieses Projekt auf die Beine stellen könnte, und ich schlug die Geschichte bei verschiedenen Produktionen vor, jedoch mit wenig Erfolg. Ein mir befreundeter Produzent wollte bestenfalls einen Dokumentarfilm daraus machen, versprach mir dafür eine viel zu bescheidene Summe, zu wenig, um zu leben, zu viel, um zu sterben.

Gwendolyn und ich wollten jedoch einen richtigen Spielfilm machen. Sie recherchierte die Geschichte in allen Einzelheiten, schrieb mehrere Versionen eines Drehbuchs, ich nutzte einen Aufenthalt in Hollywood, um eventuell noch lebende Produzenten, Kollegen und Freunde von Leo Reuss für dessen Geschichte zu mobilisieren, aber auch dort traf ich nicht nur auf wenig Interesse, sondern sogar auf Ablehnung, denn es gab Leute im ehemaligen Emigrantenmilieu, die die Wahrheit der ganzen Geschichte bestritten.

*

Leo Reuss war kein großer Schauspieler. Ein dunkelhaariger, kräftiger, gutaussehender Mann, ein vielseitiger und brauchbarer Charakterspieler, wie er jedem Theaterensemble gut ansteht, und so hatte er es nach der Ochsentour durch die Provinz in den zwanziger Jahren bis nach Berlin geschafft. Er spielte ab und zu auch große Rollen, wie zum Beispiel den Leicester in Schillers MARIA STUART, und das will schon etwas heißen, wenn man der Partner der großen Heroine Agnes Straub sein darf, die in dem Stück die Königin Elisabeth von England spielte. Wie auf der Bühne wurde Leo auch im Privatleben der Geliebte der Straub, so daß böswillige Zungen für Leo Reuss den Spitznamen »Straubsauger« in Umlauf brachten.

Wir wissen nicht, wie diese ganze Geschichte damals im Berlin der beginnenden 30er Jahre weitergegangen wäre, doch leider hat es da einen Herrn Hitler gegeben. Leo Reuss war nämlich Jude und hatte in seiner Situation denkbar schlechte Karten. Man sagt, er habe, als Hitler eine bittere Tatsache wurde, Agnes Straub die Trennung vorgeschlagen, was diese, wie es einer Theaterheldin geziemt, immerhin abgelehnt haben soll.

Trotzdem verließ Leo Berlin, da ihm ein Gastspiel in Stettin angeboten wurde. Er glaubte sich in der etwas ferneren Hafenstadt ein wenig außerhalb der Schußlinie. Doch Hitler war an der Macht, und so schwappte die Welle des Antisemitismus auch bald bis an die Ostsee hinauf.

Es hatte sich herumgesprochen, daß dem Ensemble des Theaters ein Jude angehörte. Bei der Premiere gab es dann auch eine Störaktion der SA. Reuss trug zum Glück in diesem Stück eine blonde Perücke, und der Zorn der Schergen entlud sich auf einen Kollegen, nur weil der dunkelhaarig war.

Natürlich war nach dem Zwischenfall für Leo keines Bleibens in Stettin, er setzte sich ab und gelangte über Prag schließlich nach Wien.

Der Exodus der dem System mißliebigen Schriftsteller und Künstler aus Deutschland hatte begonnen. In Wien wähnte man sich noch sicher. Leo Reuss bewarb sich beim Theater in der Josefstadt um ein Engagement. Der Intendant des Theaters war der Hofrat Ernst Lothar, getaufter Jude und ein eher ängstlicher Zeitgenosse, über den der jüdische Literat Egon Friedell das Klassikerwort böse abgewandelt haben soll: »Esel sei der Mensch, Hofrat und Jud'« – Lothar jedenfalls engagierte Leo Reuss nicht, der dann auch bald aus Wien verschwand.

※

Etwa drei Jahre später meldete sich bei der Direktion des Theaters in der Josefstadt ein merkwürdiger rothaariger Mann mit einem ebensolchen mächtigen Bart und einem schweren Tiroler Akzent, um sich für ein Engagement als Schauspieler zu bewerben. Sicher hätte dieses Original beim Herrn Hofrat Lothar kaum Chancen gehabt, hätte er sich nicht mit einem Empfehlungsschreiben ganz besonderer Art präsentiert. Es trug nämlich die Handschrift des ehemals mächtigsten Mannes der gesamten deutschsprachigen Theaterszene: Max Reinhardt. Der empfahl denn seinem Spezi Ernstl, unserem Hofrat, den Laiendarsteller Kaspar Brandhofer als eine außerordentliche Naturbegabung, den er während eines Ferienaufenthalts im Vintschgau zufällig an einem Bauerntheater entdeckt hätte.

Obwohl der Hofrat angesichts des starken Tiroler Akzents des Bergbauern Bedenken hegte, sah er sich außerstande, gegenüber einem so mächtigen Fürsprecher, wie es Max Reinhardt war, seinem eigenen Urteil zu folgen. Nach einem wohlwollend aufgenommenen Vorsprechen, das der Laiendarsteller zudem originell zu gestalten wußte, bot der Hofrat dem Reinhardt-Schützling einen Stückvertrag für eine seiner nächsten Inszenierungen an, und zwar für die Rolle des Kunsthändlers Dorsday in Arthur Schnitzlers dramatisierter Novelle FRÄULEIN ELSE, mit der einzigen Auflage, daß Herr Brandhofer bis zum Probenbeginn in wenigen Monaten seinen Tiroler Dialekt drastisch mildern müsse.

Als man mit den Proben begann, hatte Brandhofer erstaunliche Fortschritte in die Richtung eines akzeptablen Bühnen-Wienerisch gemacht, auch wenn er immer wieder Anlaß zum Lachen und Schmunzeln gab, weil ihm viele Theatergepflogenheiten nicht geläufig waren. Es war in der Tat drollig, wenn er auf die Frage der Darstellerin des Fräulein Else, ob sie ihm, wenn er sie auf seinen Armen tragen sollte, nicht zu schwer sei, antwortete:

»Ein bissel schwerer wie a klaans Kalberl sans schon!« Oder wenn der Regisseur ihm den Sinn eines Monologs auf der Bühne als ein Selbstgespräch klarmachte und Brandhofer seine eigene rührende Version vorschlug:

»Sie meinen, eine Zwiesprache mit Gott?«

Doch es gab auch befremdliche Augenblicke, wenn er zum Beispiel, ungehalten über eine eigene Textschwierigkeit, die Souffleuse anfuhr:

»Nun schlag doch schon an!« Wo hatte er plötzlich einen so ureigenen Ausdruck aus dem Theaterjargon her? Allmählich wandelte sich das anfängliche, gönnerhafte Wohlwollen bei einigen Kollegen in kaum verhohlenen Neid und immer offener geäußerte Zweifel an dem begabten Laien. Wer war Kaspar Brandhofer wirklich? Viele wollten nicht mehr an das Märchen vom Tiroler Bergbauern glauben. Jedoch am Abend der Premiere überraschte Brandhofer seine Zweifler mit seiner Familie im Zuschauerraum, die Frau im Tiroler Dirndlkleid, daneben die rothaarigen Kinder Hans und Grete. Die Premiere wurde ein großer Erfolg, besonders für Kaspar Brandhofer.

Ein beträchtlicher Schönheitsfehler war jedoch die Tatsache, daß besonders die rechte Presse, die ganz offen antisemitisch war und schon heftig großdeutsche Ideen propagierte, die Leistung des Tiroler Bergbauern über den grünen Klee lobte, da der dem Wiener Juden-Theater gezeigt hätte, was eine arische Gebirgseiche sei!

Nun, der Leser hat längst gemerkt, daß Kaspar Brandhofer niemand anderer als Leo Reuss war. Und dies konnte in so einer kleinen Familie, wie sie das Theater schließlich ist, auf die Dauer nicht verborgen bleiben.

Am Josefstädter Theater gab es Leute, die Reuss aus Berlin kannten, wie zum Beispiel Albert Bassermann und seine Frau Else, die Leos Spiel konsequent mitspielten, aber im Ensemble gab es auch Schauspieler, die, wir sind ja schon im Jahre 1937, aus ihrer Sympathie für Hitler, dessen Nazipartei und Anschlußpläne keinen Hehl machten. Es kam vor, daß man selbst während der Vorstellung aus den Bühnengassen heraus Brandhofer seinen wahren Namen »Leo!« zurief, um ihn zu irritieren. Nachts erhielt er Anrufe, bei denen sich eine Frauenstimme meldete: »Leo, hier ist die Agnes aus Berlin!«

Noch behielt Leo Reuss die Nerven: »Hier ist Brandhofer, falsch verbunden!« Doch war es eines Tages Leo selbst, der im Theater, mit Kaspar angesprochen, verwirrt schrie: »Aber ich bin nicht der Kaspar, ich bin der Leo!« Als er seinen Fehler bemerkte, brach er schluchzend zusammen:

»Ja, ja, ja, ich bin der Leo, ich bin der Leo, ich bin der Leo!«

Nun war es am Tage: Der Hofrat Lothar kündigte ihm fristlos und drohte sogar mit einem Prozeß. Leo trat die Flucht nach vorne an. Er machte seine ganze Geschichte öffentlich, die rechte Presse tobte. Seine Geschichte war in aller Munde. Er bekam sogleich ein neues Engagement. Das Theater an der Wien bot ihm die Rolle des Napoleon in Madame Sans-Gêne an. Leo gab auch äußerlich seine Verkleidung auf. Für den Napoleon mußte er die rote Mähne und den roten Bart opfern, und so sah er wieder ganz wie der alte Leo Reuss aus. Natürlich war klar: Die Aufführung und besonders der Napoleon wurden verrissen. Das Stück wurde abgesetzt, und Leo Reuss stand auf der Straße. Für kurze Zeit treffen wir ihn am Wiener Jüdischen Theater, bis dieses seine Tore schließen muß. Der »Anschluß« stand kurz bevor.

Eines Tages erreichte Leo jedoch ein Brief, ein Brief aus Amerika, das Schreiben eines der großen amerikanischen Filmbosse. Darin lobte der erst einmal das großartige Schnippchen, das der Jude Leo Reuss den Nazis mit seiner Verwandlung in den Tiroler Bauern Brandhofer geschlagen hätte. Diese Geschichte sei so umwerfend komisch, daß man sich entschlossen hätte, sie als Film auf die Leinwand zu bringen, und er schlage Leo vor, nach Hollywood zu kommen, damit er dort in Zusammenarbeit mit den besten Drehbuchautoren seine Geschichte in ein Drehbuch verwandle, außerdem stünde ja auch der Möglichkeit, daß er, Leo Reuss, sich selbst im Film darstelle, nichts im Wege, denn wer, wenn nicht er selbst, könne seine eigene Rolle durch seine großartige Wandlungsfähigkeit überzeugender verkörpern?

Leo glaubte zu träumen, doch es war die unerwartete Rettung aus aller Not. Die Amerikaner schickten ein üppiges Reisegeld in Dollars und eine Fahrkarte Southampton–New York auf der »Queen Mary«. Leo verließ Wien leichten Herzens. Bei seiner Ankunft in New York bedrängten ihn schon die Reporter, die Eisenbahnreise quer über den amerikanischen Kontinent nach Los Angeles wurde ein einziger Triumphzug, und bei seiner Ankunft dort war Leo Reuss in aller Munde als der Mann, der Hitler lächerlich gemacht hatte. Er bezog ein teures Hotel, im Filmstudio bekam er ein eigenes Büro, ein ganzes Rudel von Autoren schwärmte ständig um ihn herum, und Leo mußte nur seine Geschichte in allen Details wieder und wieder erzählen.

Doch als Leo eines Morgens wie üblich das Studiogelände betreten wollte, verwehrte ihm der Beamte am Tor, den er doch inzwischen gut kannte, den Eintritt. »Wo wollen Sie hin, Sir?« fragte ihn der. »Haben Sie eine Verabredung?« Fassungslos rief Leo:

»Ich habe keine Verabredung, ich will in mein Büro! Sam, erkennen Sie mich denn nicht?«

Es stellte sich heraus, er hatte kein Büro mehr, keine Autoren mehr, keinen Produzenten mehr, nichts! Und es gab niemanden, der ihm den Grund für die Wendung mitgeteilt hätte.

Wieder einmal stand er auf der Straße. Ohne Geld, ohne Vertrag, ohne Freunde, die ihm hätten helfen können. Er gab seine Hotelsuite auf, bezog ein möbliertes Zimmer und traf schließlich andere deutsche Emigranten, die selbst am Hungertuch nagten. Eines Tages schlich er sich in die Kantine des Filmstudios, und dort traf er endlich auf einen der Leute, die seinerzeit an seinem Filmprojekt beteiligt waren.

Dem Mann war es selbst schrecklich peinlich. Leo wollte auch nur wissen, warum alles eine solche Wendung genommen hatte. »Was soll ich dir sagen, Leo?« wand sich der andere. »Dein Film ist gestorben, abgesagt, es tut mir ja auch sehr leid, Leo!« Doch auf einmal hellten sich seine Züge auf. »Mensch, Leo, ich habe eine Idee. Gut, daß ich dich treffe! Wir drehen nämlich gerade einen Film, und darin gibt es eine Rolle, nun ja, es ist eine kleine Rolle – du hast da doch in Wien so brillant den Germanen gespielt –, es ist die Rolle eines Nazis. Du müßtest natürlich deine Haare blond färben, darin hast du ja Erfahrung, nicht wahr?«

Einige Tage später saß Leo beim Maskenbildner des Studios, er sah sich im Spiegel, seine Haare waren diesmal nicht rot, sondern blond gefärbt, gescheitelt und martialisch gebürstet, dann der kurze Schnurrbart, das Braunhemd, die Hakenkreuzbinde am linken Ärmel … Leo hob die Rechte und deutete einen Hitlergruß an. Der Maskenbildner klopfte Leo auf die Schulter und sagte: »Great, Mr. Royce!«

*

Denn so nannte sich Leo seit seinem ersten amerikanischen Film: Lionel Royce. Er hat danach viele solche Nazirollen gespielt, bei Lubitsch war er einmal kein Nazi, sondern ein ungarischer Polizist, so spielte er sich recht und schlecht über den Krieg. Er war geschieden, hatte wieder geheiratet, eine Amerikanerin diesmal, in den üblichen Emigrantenkreisen war er immer seltener zu Gast. Als nach dem Krieg die Welle der Propagandafilme, in denen es von deutschen Soldaten und oft sehr dummen Nazichargen nur so wimmelte, langsam zu Ende ging, bekam Leo immer weniger zu tun.

So war es während des Koreakrieges für ihn ein Glück, als man ihm eine Rolle in der Show eines der großen amerikanischen Komiker anbot, der sich während des Koreakrieges zur Truppenbetreuung zum pazifischen Kriegsschauplatz begab. Lionel war nicht mehr der Jüngste, sein Herz machte ihm zu schaffen. Daß die Versicherungssumme, die für die an einer solchen Operation im Kriegsgebiet Beteiligten anfallen würde, fünfmal so hoch war wie eine normale Versicherungssumme, mag der Hauptgrund für Lionel gewesen sein, sich einer solchen Strapaze auszusetzen. Er wollte seine Familie versorgt sehen, wer versteht das nicht?

Die erste Station war Manila. Als Lionel mit seinen Kollegen in brütender Hitze ankam, sehnte er sich nach einer kalten Dusche im Hotel. Sein einziges Gepäckstück war ein schwerer Seesack, den er selber in sein Hotelzimmer tragen mußte. Als er ihn auf das Bett geworfen hatte, spürte er, wie ihm schwindlig wurde, ihm war, als packte eine große

Faust seine Brust und drückte sie zusammen. Ohne einen Laut fiel er zu Boden. Da die Tür offenstand, fand man ihn bald, ein Militärarzt wurde gerufen. Dieser untersuchte Lionel, der unter dem sich nur langsam drehenden Ventilator auf seinem Bett lag und kaum atmete. Er gab ihm eine Spritze, und als Lionel das Bewußtsein wiedererlangt hatte, teilte der Arzt ihm mit, daß er einen Herzinfarkt erlitten hätte. Er dürfte sich nicht bewegen, man werde abwarten müssen, bis er transportfähig sei, dann werde man ihn in die Staaten zurückbringen. Nachdem Lionel eingeschlafen war, ließ man ihn allein.

Die Kameraden aus der Varietétruppe fuhren zum Hafen, wo auf einem Schlachtschiff der US-Flotte zu Ehren der Gäste aus Hollywood ein Fest veranstaltet wurde. Spät in der Nacht kehrten die Kollegen ins Hotel zurück. Sie wollten wissen, wie es Lionel ginge, und erfragten seine Zimmernummer beim Portier. Dieser beschwerte sich über den Hotelgast, der den ganzen Abend über einen fürchterlichen Krach in seinem Zimmer veranstaltet hätte. Es hätte sich angehört, als würden Möbelstücke gerückt und umgestürzt oder zertrümmert.

Beunruhigt begaben sich Lionels Kameraden zu seinem Zimmer, und als er auf ihr Rufen und Klopfen nicht antwortete, ließen sie schließlich die Tür öffnen: Lionel lag auf dem Fußboden, die Schatten der sich drehenden Ventilatorblätter huschten über sein Gesicht, so daß es aussah, als bewegten sich seine Züge, als lebte Lionel noch, doch der herbeigerufene Arzt konnte nur noch seinen Tod feststellen. Er erhielt ein militärisches Begräbnis mit Salutschüssen und dem berühmten Cornet-Signal. Seiner Familie schickte man eine Medaille.

Ob die Versicherungssumme bezahlt worden ist, weiß ich nicht.

*

Hamburg 1984. Man hatte mich zur Geburtstagsfeier eines Fernsehbosses ins Studio Hamburg eingeladen. Ich traf dort eine ganze Riege bekannter Schauspieler. Ich erinnere mich noch an Wolfgang Kieling und Heinz Schubert.

Gegen Mitternacht hatten wir im Anschluß an die kulinarisch magere Fete noch Appetit verspürt und waren zu Paolinos Ristorante an der Außenalster gefahren, um noch einen Teller Spaghetti zu essen und ein Glas Wein zu trinken. Aus dem Glas wurde eine ganze Batterie von Flaschen, es war schon gegen drei Uhr morgens, als ich im Taxi zusammen mit einem bekannten Kollegen zurück ins Hotel ATLANTIC fuhr. Im Taxi erzählte er mir beiläufig, daß man ihn in der noblen ATLANTIC-SUITE untergebracht hätte, die sich im vierten Stock im runden Eckturm des Hotels befand. Wir hatten gerade den Aufzug betreten, als er fragte: »Hätten Sie noch Lust, in meinem Zimmer ein Glas Champagner mit mir zu trinken?« Ich konnte mich des Gedankens nicht erwehren, daß er mich nur einlud, um mir seine luxuriöse Unterkunft zu zeigen. In der tatsächlich beeindruckenden Suite angekommen, öffnete er die Champagnerflasche, schenkte ein, wir tranken im Stehen. Er ließ mich nicht aus den Augen, während er das Glas abstellte und mich plötzlich fragte:

»Stimmt es, daß *Sie* den Kaspar Brandhofer spielen wollen?«

Ich war erst einmal wirklich überrascht von dieser direkten Frage und murmelte etwas wie:

»Ich hatte es einmal vor, aber ...« Ich kam nicht weiter, denn in diesem Augenblick stürzte er auf mich zu, packte mich am Revers meiner Jacke, zog mein Gesicht ganz dicht an das seine und schrie in wütendem Stakkato:

»Die-se – Rol-le – wer-de – ichchch – Ih-nen – abja-gen!!!« – Er ließ mich los, ich hob beide Hände, als fühlte ich mich von einer Pistole bedroht, und ging.

Am folgenden Vormittag sah ich ihn in der Hotelhalle, ich tat, als sähe ich ihn nicht, doch er kam auf mich zu, legte mir den Arm um die Schulter und fragte mit besorgter Neugier: »Hab' ich da gestern vielleicht ein bisserl zuviel getrunken gehabt?«

✽

November 1985. Ich drehte mit einigen deutschen Schauspielern in einem englischen Spielfilm in Bad Gastein. Abends saßen wir häufig mit unseren englischen Kollegen zusammen beim Essen. Zu den deutschen Schauspielern gehörten Wolfgang Reichmann, Helmut Griem und Jacques Breuer.

Wolfgang Reichmann mit seiner wundervollen Stimme faszinierte alle. Eines Abends begann er eine Geschichte zu erzählen, die ich nur allzugut kannte. Im Laufe der Erzählung konnte ich ihm da und dort mit einem Namen, einer Einzelheit beispringen. Befremdet schaute er mich dabei aus den Augenwinkeln an, bis er sich endlich unterbrach und fragte:

»Du kennst die Geschichte?« Als ich bejahte, erwiderte er mit großer Verwunderung: »Du glaubst doch nicht etwa, daß du den Kaspar Brandhofer spielen kannst!? Das ist doch gar nicht deine Rolle!« Ich dachte an jene Szene im Hotel Atlantic und erwiderte lachend:

»Lieber Wolfgang, ich glaube nicht, daß ich diese Rolle jemals spielen werde, aber ich bin mir ziemlich sicher, daß auch *du* sie nicht bekommen wirst. Wir haben nämlich einen Rivalen, einen sehr ehrgeizigen Konkurrenten!«

Reichmann schaute mich mit offenem Mund an, und dann rollte und grollte es aus seiner Brust: »Brandauer!!!«

Der Fenstersturz

1. Der Augenzeuge

Es war während der Filmfestspiele in Cannes. Eines späten Abends saß wieder einmal eine feuchtfröhliche Runde auf der Terrasse des Hotels Carlton zusammen, zu der auch der ebenso sympathische wie trinkfeste James-Bond-Darsteller Roger Moore gehörte, als die Rede auf unglaubliche, aber wahre Begebenheiten kam. Ich erinnere mich, daß Roger mit einer Geschichte den Vogel abschoß, die sich vor Jahren in Cannes während der Filmfestspiele ereignet hatte.

»Ich wohnte«, so begann er, »wie immer während des Filmfestivals, das damals noch im alten, inzwischen abgerissenen Festspielhaus stattfand, hier im Carlton in einer schönen Suite im zweiten Stock gleich hier über der Terrasse. Eines Abends stand ich vor dem großen Spiegel des Salons, in dem ich hinter mir das offene Fenster zur Croisette sah. Die Abendsonne schien herein, und ich kämpfte den allabendlichen Kampf mit meiner Smokingschleife, als ich plötzlich im Spiegel eine Frau im roten, wehenden Abendkleid draußen am

Fenster vorbei nach unten fliegen sah. Blitzschnell drehte ich mich um, da schwebte die gleiche Person wieder am Fenster vorbei, diesmal jedoch von unten nach oben. Sekunden später kam sie wieder herunter, flog gleich darauf noch einmal hoch, wieder nach unten und verschwand schließlich unter einem lauten Klirren und ein paar erschrockenen Schreien unten auf der Terrasse.

Ich rief zu meiner Frau, die wie immer um diese Zeit das Badezimmer besetzt hielt, hinüber:

›Darling, da ist gerade jemand an meinem Fenster vorbeigeflogen!‹

›Nonsense!‹ rief sie zurück. Ich schrie: ›Doch, eine Frau! Sie ist dann aber wieder hochgeflogen, und dann wieder …‹

›Roger!‹ kam es aus dem Bad nebenan. ›Du sollst nicht schon am Tag so viel trinken!‹

Als wir wenig später in die Hotellobby kamen, in der es zu dieser Stunde wie im Bienenhaus zuging, erzählte man sich überall, daß sich in der Tat eine junge Frau aus dem Fenster des fünften oder sechsten Stocks gestürzt hätte, von dem Zeltdach über der Terrasse aber aufgefangen und wieder hochgeschleudert worden wäre wie ein Ball, vier- oder fünfmal, bis der Stoff der Markise dann doch nachgegeben hätte und sie, die Frau, auf einem Tisch voller Gläser gelandet wäre. Wunderbarerweise wäre sie aber bis auf ein paar Schnitte und Prellungen unverletzt geblieben.

Erleichtert darüber, daß ich offenbar doch nicht einem Anfall von Delirium tremens anheimgefallen war, gab ich mich als Augenzeuge zu erkennen und ließ mich dazu verleiten, den Vorfall noch genauer und spannender zu beschreiben, als ich ihn tatsächlich erlebt hatte. Wie unvorsichtig von mir! Denn am folgenden Tag waren die Zeitungen voll von der Geschichte. Ich war vom Augenzeugen zur Hauptperson avanciert. In einigen der Zeitungsartikel wurden Vermutungen angestellt, ob ich gar die Ursache für den Selbstmordversuch der Frau gewesen sei. Ich erinnere mich noch einer Schlagzeile: Selbstmord vor den Augen ihres Idols 007, und darunter: Frau stürzt sich aus Luxushotel-Fenster: Roger Moore schaute zu! – Seitdem«, so schloß Roger seine Geschichte, indem er mit dem Daumen auf die Fensterfront des Hotels hinter sich hochdeutete, »schaue ich hier nie mehr aus dem Fenster!«

*

2. Der Liebhaber

Ich hatte die Geschichte Roger Moores fast schon vergessen, als ich Jahre später einen Film in der Nähe von Madrid drehte. Während der Mittagspause saßen wir Schauspieler auf der Terrasse der Hazienda, in der einige Szenen des Films spielten.

Ich weiß nicht mehr, wer damit begann, Geschichten unter dem Motto »Glück muß der Mensch haben« zu erzählen. Der Autor José de V., der in dem Film eine kleine Rolle übernommen hatte, spann den Faden weiter mit einer kleinen Geschichte, die mir sehr bald irgendwie bekannt vorkam:

»Vor etwa zehn Jahren war ich bei den Filmfestspielen in Cannes. Ich wohnte im Carlton, im dritten Stock, genau über der Terrasse, von der man bis spät in die Nacht die Stimmen der Festival-Nachtschwärmer hörte, wenn man, wie ich, bei offenem Fenster schläft. –

Ich hatte gleich am ersten Abend ein sehr junges und sehr schönes Mädchen kennengelernt, das sich aber während der folgenden Tage als, sagen wir, etwas zu besitzergreifend herausstellte, so daß ich es, durch bittere Erfahrung gewitzt, für angebracht hielt, sich zu trennen, bevor der Flirt lästig werden konnte. Die Kleine hatte jedoch getrunken und reagierte dramatisch:

›José‹, rief sie, ›wenn du mich jetzt wegschickst, springe ich aus dem Fenster!‹ Ich nahm sie nicht ernst und sagte: ›Bitte, es ist offen.‹ Sie lief zum Fenster und schwang sich, bevor ich sie daran hätte hindern können, auf die Brüstung und stürzte sich in die Tiefe. Ich sprang hinzu, beugte mich aus dem Fenster und sah unten gerade noch, wie sie von dem weißen Zeltdach über der Terrasse aufgefangen und, als wäre es ein Trampolin, zwei-, dreimal hochgeschleudert wurde, bis schließlich der Zeltstoff riß und sie mit einem scheußlichen Krachen auf einen Tisch auf der Terrasse stürzte.

Ich war für einen Augenblick wie gelähmt, dann lief ich aus dem Zimmer, nahm im Sprung die Treppen nach unten, drängte mich durch die Menschenmenge, die, wie immer um diese Zeit, die Halle und den langen Flur zur Bar bevölkerte, doch als ich endlich zur Terrasse kam, sah ich nur noch den Krankenwagen, der mit Blaulicht und heulender Sirene davonfuhr. Ich sprang in ein Taxi und fuhr hinterher. Als ich im Krankenhaus ankam, verschwand die Trage mit der Unglücksperson gerade im Operationssaal. Ich setzte mich auf eine Bank in dem langen, leeren Flur und wartete. Keine Menschenseele, kaum ein Geräusch und nur der typische Krankenhausgeruch.

›Hoffentlich stirbt sie nicht!‹ fuhr es mir durch den Kopf. ›Wie konnte ich beweisen, daß die törichte Person im Affekt aus dem Fenster gesprungen war? Würde man mich gar verdächtigen, sie hinuntergestoßen zu haben? Sicher erwartete mich schon die französische Polizei im Hotel! Vielleicht sollte ich nicht dorthin zurückfahren und gleich das Weite suchen? Aber dadurch würde ich mich erst recht verdächtig machen. Ich sollte auf jeden Fall meinen Anwalt in Madrid anrufen …‹ Solche Gedanken gingen mir durch den Kopf.

Eine Stunde mochte vergangen sein, bis der erstaunlich junge Arzt, der sie operiert hatte, aus dem Operationssaal kam. ›Machen Sie sich keine Sorgen, es ist weiter gar nichts‹, sagte er, sein Französisch hatte einen leichten algerischen oder marokkanischen Akzent, ›keine Brüche, nicht einmal nennenswerte Prellungen, ein Wunder! Ich mußte nur eine ganze Menge Glassplitter aus ihrem Rücken und weiter unten – Sie verstehen schon – herausoperieren. Sie wird ein paar Tage lang auf dem Bauch liegen müssen, und da sind wohl auch noch kleinere Glasstückchen, die später noch rausmüssen‹, erklärte er lächelnd und fragte:

›Sind Sie der Vater?‹ Ich verneinte und machte mich davon. –

Ich schickte Blumen in die Klinik und wartete auf den Ansturm der Journalisten, wenn publik würde, daß es das Fenster meines Zimmers war, aus dem die dumme Gans sich gestürzt hatte. Ich schloß mich in meinem Hotelzimmer ein, entschlossen, auf keine Anrufe und kein Türklopfen zu reagieren. In der Nacht tat ich kein Auge zu und ließ mir früh am Morgen durch den Portier sämtliche Zeitungen aufs Zimmer schicken. Sicher war ja nicht verborgen geblieben, daß der Sturz aus meinem Fenster erfolgt war, und ich stellte mir, während ich auf den Boy mit den Zeitungen wartete, entsprechende Schlagzeilen vor.

In der Tat berichteten alle Blätter auf der ersten Seite in großen Lettern über den Fenstersturz. Man sprach von einem Fall aus dem *sechsten* Stock des Hotels. Es gab ein Photo vom Carlton, wo ein Fenster des obersten Stockwerks mit einem weißen Kreis versehen war und ein Pfeil den Sturz zeigte, den das Mädchen getan haben sollte. Die Direktion des Hotels, der offenbar nichts an einem Skandal gelegen war, hatte diskreterweise angegeben, daß besagtes Zimmerfenster das der jungen Dame gewesen wäre.

Die Journalisten hatten indessen ein anderes, interessanteres Opfer als mich gefunden: Roger Moore, der auch im Carlton logierte, soll Augenzeuge des Sturzes, vielleicht sogar Anlaß für den Selbstmordversuch gewesen sein. Ich gebe zu, ich habe keinen Muckser getan und mit keinem Menschen darüber gesprochen.

Das Mädchen habe ich nie mehr wiedergesehen und nie wieder von ihr gehört«, lachte José de V. erleichtert, sehr zufrieden mit sich und seinem Glück.

*

3. Der Arzt

Wieder vergingen Jahre. Eines Tages kam ich während Dreharbeiten in Marokko nach Erfoud, einer Stadt südlich des Atlasgebirges, da, wo es in Richtung Süden keine Straßen mehr in die Sahara gibt, sondern nur unzählige, vom Sand immer wieder verwehte Pisten. Zu unserer Überraschung trafen wir in diesem gottverlassenen Nest auf ein italienisch-amerikanisches Filmteam, das dort ein großes Wüstenepos drehte.

Von den Stars kannte ich Omar Sharif, der sich wohl zu fühlen schien, allabendlich große Festessen organisierte, während die anderen, darunter Rutger Hauer, Elliot Gould und Carole Alt, unter der Hitze stöhnten. Der Regisseur Duccio Tessari war ein alter Bekannter aus Italowestern-Zeiten im spanischen Almeria. Ihm ging es nicht gut, er hatte sich eine rätselhafte Krankheit zugezogen, jedenfalls hatte man einen Arzt aus Ouarzazate, einer größeren Stadt am südlichen Fuß des Atlasgebirges, kommen lassen, der, filmbegeistert wie viele Ärzte, sich über die Abwechslung zu freuen schien. Er wurde auch am gleichen Abend in die Gästerunde Omar Sharifs aufgenommen, kam an den folgenden Abenden öfter dazu und lud uns dann alle zum kommenden Wochenende zu einem Couscous-Essen in seine sehr elegante Villa ein.

Nach dem vorzüglichen, doch schweren Mahl saß man noch lange am Swimmingpool auf weichen Kissen und trank Tee. Die bis dahin angeregt geführte Unterhaltung beruhigte sich, und in dieser arabisch-märchenhaften Atmosphäre kamen allmählich die Geschichtenerzähler zu Wort. Omar Sharif erzählte die, wie er versicherte, wahre Geschichte einer Frau, die achtzigjährig ihr Haus in Paris auf Rentenbasis verkaufte. Der Käufer, ein sechzigjähriger Anwalt, starb, als die Frau sich mit hundert Jahren noch nicht entschlossen hatte, das Zeitliche zu segnen. Inzwischen sei sie hundertzwanzig Jahre alt, und alle als Erben in Frage kommenden Nachkommen des Anwalts wie auch die der alten Frau seien inzwischen gestorben.

Elliott Gould gab die Geschichte eines Freundes zum besten, der während des New Yorker Blackouts zusammen mit einem Dutzend anderer Personen im Lift eines Bürohauses eingeschlossen und im Dunkeln einer Unbekannten nahegekommen war. Während endloser, verzweifelter Stunden hatte er ihr versprochen, sie zu heiraten, wenn sie beide jemals heil aus ihrer mißlichen Lage gerettet würden. Als nach fast achtundvierzig Stunden der Alptraum zu Ende ging, wurden sie im Laufe der Rettungsaktion voneinander getrennt, und da sie versäumt hatten, Adressen oder Telefonnummern auszutauschen, sich ja auch nie gesehen hatten, schien ihre Begegnung zu einem dunklen Ende verdammt. Zwei Monate später meldete sich die Unbekannte mit einer Zeitungsannonce, beschrieb die Situation im Lift so, daß sein Freund keine Zweifel haben konnte, und deutete an, daß ihre Begegnung im Dunkeln nicht ohne Folgen geblieben war.

Hier meldete sich unser Gastgeber, der Arzt, mit einer Geschichte zu Wort, die, wie er bescheiden meinte, vielleicht nicht mit den vorher erzählten mithalten könne, dafür aber ihm selbst widerfahren sei:

»Ich arbeitete als sehr junger Arzt am städtischen Krankenhaus in Cannes. Es war während der Filmfestspiele. Ich ging damals, besonders während der Festspielzeit, gern ins Kino. An jenem Abend hatte ich Stationsdienst bis 20 Uhr. Der Tag war ziemlich ruhig verlaufen. So hoffte ich, früh wegzukommen, hatte unter meinem Kittel schon Smokinghemd und -hose an und wartete auf meinen Kollegen vom Nachtdienst, denn ich hatte Karten für einen interessanten, vielversprechenden Film, der übrigens in jenem Jahr die GOLDENE PALME gewann. Ich sollte ihn nicht sehen, denn gerade in diesem Augenblick wurde mit dem Unfallwagen eine junge Frau eingeliefert. Die Sanitäter erzählten eine ziemlich unglaubliche Geschichte – daß sie sich aus dem vierten oder fünften Stock des Hotel Carlton gestürzt hätte. Die junge, hübsche Frau stand unter Schock und konnte sich später nicht erinnern, wie es zu dem Sturz aus dem Fenster gekommen war, ob es ein Unfall gewesen war, sie hatte wohl auch etwas getrunken. Jedenfalls hatte das Sonnendach über der Terrasse des Carlton ihren Sturz aufgefangen, hatte sie einige Male wieder hochkatapultiert, bis dann doch der Stoff gerissen und sie auf einen Tisch voller Champagnergläser gefallen war, ohne sich aber ernstlich zu verletzen. Sie hatte lediglich

Prellungen und eine Menge großer und kleiner Glassplitter in ihrem Rücken und weiter unten – Sie verstehen schon –, die ich ihr im Laufe einer Woche vorsichtig entfernte, damit keine häßlichen Narben zurückblieben.« – Er machte eine Pause und lächelte:

»Zwei Monate später waren wir verheiratet!« Dabei lächelte er zu seiner Frau hinüber, die gerade dazugekommen war und gespielt geniert sagte: »Chéri, mußt du denn immer wieder die alte Geschichte erzählen, daß das erste, was du von mir gesehen hast, mein Popo war?«

Schweigen

War es wirklich ihre früheste Erinnerung, jener Familienausflug, als ihr Vater sie auf das Maultier hob, das sie auf den Hügel zum Tempel in Segesta hinauftrug, oder war es die alte Photographie, die während ihrer ganzen Kindheit auf einem kleinen Tisch im Wohnzimmer stand und sie, Annamaria, in einem weissen Organdykleid, mit einer grossen Schleife im Haar, auf dem Maultier zeigte, neben ihr ihr Vater, stolz und schwarzhaarig, der lächelnd in die Kamera schaute?

Annamaria glaubt heute noch, nach über fünfzig Jahren, sich an den Geruch nach Schweiss und Stroh des Maultiers zu erinnern, die Angst, die sie während des Gewitters empfand, das später auf den Tempel und die ganze Sommergesellschaft niederging, wie sie sich an den Hals ihres Vaters klammerte und den Wein und den Tabak in seinem grossen Schnurrbart roch, als er sie immer wieder beruhigend auf beide Wangen küsste. Auch ihre Mutter, die nicht auf der Photographie ist, glaubt sie noch vor sich zu sehen, in einem fast knöchellangen, geblümten Kleid mit breiten Rüschen am Rocksaum und dem üppigen Halsausschnitt.

Annamarias nächste Erinnerung ist hingegen eine quälende Szene, die ihre ganze Kindheit auf einen Schlag verändert und ihre Liebe zu ihrem Vater getötet hat. Es muß noch vor ihrem ersten Schulbesuch gewesen sein, dem Zeitpunkt, an dem die Familie des Gerichtsvollziehers Angelo Costacurti in die Stadt, nach Messina, zog.

Eines Nachts hörte Annamaria vom Schlafzimmer ihrer Eltern herüber laute Stimmen, schließlich die spitzen Schreie ihrer Mutter. Sie stand auf, öffnete die Tür ihres Zimmers und trat auf den Flur hinaus. Jetzt hörte sie die Stimmen so laut, daß sie ihr angst machten. Noch nie hatte sie ihren Vater so schreien gehört, diese hohe, heisere Stimme konnte doch nicht die ihres Vaters sein. Jetzt verstand sie auch einiges, ohne es jedoch zu begreifen. Es waren Schimpfworte, die sie noch nie gehört hatte, dazwischen die Schreie ihrer Mutter und das Geräusch von Schlägen. Trotz ihrer Angst drückte sie die Klinke der Schlafzimmertür ihrer Eltern herunter und sah durch einen schmalen Spalt ihre Mutter in ihrem rosafarbenen Nachthemd auf dem Boden vor dem Bett liegen, sah ihren Vater, der im Schlafanzug gebückt über ihr stand, auf sie einschlug und mit den nackten Füßen nach ihr trat. Ihre Mutter wimmerte jetzt nur noch und flehte ihren Mann an, in Gottes Namen aufzuhören, während der immer wieder den gleichen Satz ausstieß: »Nichts als eine dreckige, billige, verkommene Hure!« Annamaria lief weinend zu ihrer Mutter und warf sich schützend über sie.

Danach war nichts mehr so wie früher im Hause Costacurti, kein Kinderlachen, keine Gespräche, kein Gesang. Die Mutter war völlig verstummt, Annamaria umarmte und küßte ihren Vater nicht mehr, ihre Kindheit bestand von nun an aus dem Schweigen der Mutter und den kurzen Befehlen des Vaters: »Geh zu deiner Mutter und sage ihr ...«

So war Annamaria froh, daß ihr Vater sie, als sie neun Jahre alt wurde, nach Florenz ins Internat schickte. Nur zu Ostern und Weihnachten fuhr sie ins heimatliche Messina. Die großen Sommerferien verbrachte die Familie in der Villa bei Taormina, die ihre Mutter von ihren Eltern geerbt hatte. Aber auch auf diese Besuche freute sich Annamaria nicht wie andere Kinder. Als sie größer wurde, kam es immer öfter vor, daß sie die großen Ferien bei einer Freundin im Norden verbrachte oder in einem Zeltlager, während jener Zeit des Faschismus große Mode und bei den sonst so streng behüteten Internatsschülerinnen äußerst beliebt. Ihre Eltern wurden für sie immer fremdere Wesen.

Der Krieg ging an den Klosterschulen fast unbemerkt vorbei. Nur das Essen war knapper und schlechter geworden. Danach kehrte Annamaria, die überdurchschnittlich begabt war, gar nicht mehr nach Hause zurück, sondern trat sofort ein Universitätsstudium in Florenz an. Sie studierte

Literaturgeschichte, Französisch und jene Nebenfächer, die das Lehramtsstudium verlangte, in jener Zeit fast der einzige Ausbildungsweg, der jungen Frauen offenstand.

Es sollte nicht dazu kommen, denn schon während ihres zweiten Semesters begegnete Annamaria dem Mann, den sie nach einem knappen halben Jahr heiraten sollte. Sie trat in eines der zahlreichen Schuhgeschäfte an der Via Tornabuoni in der Florentiner Altstadt. Sie kam mit der jungen, unerfahrenen Verkäuferin nicht zu Rande und hatte sich schon erhoben, um das Geschäft unverrichteter Dinge zu verlassen, als ein junger Mann mit guten Manieren auf sie zutrat und sie bat, wieder Platz zu nehmen.

»Es wäre doch gelacht, wenn wir für solche hübschen Füße nicht das Richtige finden würden.« Annamaria mußte lachen, sie probierte und fand die passenden Schuhe.

Es stellte sich heraus, daß der junge Mann nicht ein einfacher Verkäufer, sondern der Juniorchef des Hauses war. Die Benvenutis besaßen drei Schuhgeschäfte in Florenz. Die Schuhbranche entwickelte sich in den Nachkriegsjahren explosionsartig. Enrico war der einzige Sohn und Erbe des alten Benvenuti. Dieser besaß keine Schuhfabrik, sondern ließ die Schuhe in Heimarbeit bei Hunderten von armen Familien in der Provinz fertigen. Auch Enrico hat diese Methode nie aufgegeben, auf der noch heute der internationale Erfolg der italienischen Schuhindustrie beruht. Sie hatte den Vorteil, daß eine große Produktion ohne teure Fabriken und an den Gewerkschaften und der Steuer vorbei möglich war.

Enrico war elegant, großzügig und zuvorkommend. Annamaria war beeindruckt von seiner Bildung, denn Enrico war, wie viele Florentiner, ohne Akademiker zu sein, ein solider Kenner der Florentiner Kunst und Kultur. Als Annamaria ihn, auf Enricos ausdrücklichen Wunsch hin, ihren Eltern vorstellte, sagte ihr Vater nur: »Nun ja, wenigstens brauchen eure Kinder nicht barfuß zu laufen.«

Annamaria und Enrico heirateten schon nach kurzer Verlobungszeit in Florenz, in der ehrwürdigen Florentiner Kirche Santa Maria Novella. Annamarias Eltern waren nicht zur Hochzeit erschienen. Das Brautpaar besuchte sie nur kurz in Taormina, bevor es zur Hochzeitsreise um Sizilien herum in Enricos neuem Alfa Romeo Cabriolet aufbrach.

Zur angemessenen Zeit wurde Annamaria Mutter einer Tochter: Enrica. Als ein Jahr später ihre Eltern kurz nacheinander starben, löste sie die elterliche Wohnung in Messina auf und ließ die Sommervilla in Taormina ausbauen und renovieren.

Mitte der fünfziger Jahre waren die Benvenutis mit nun über vierzig Schuhgeschäften in ganz Italien etabliert, und Enrico machte seine ersten Schritte über die Alpen, eröffnete Geschäfte in Deutschland, der Schweiz und Frankreich. Da er immer öfter und länger unterwegs war, litt die Ehe. Annamaria mied Florenz und zog sich fast vollständig nach Sizilien zurück. In ihrer Villa in Taormina hatte sie eine Gruppe alter und neuer Freunde um sich versammelt, die nun regelmäßig bei ihr zu Gast waren. Sie war eine großzügige Gastgeberin, aber es stellte sich heraus, daß es ihr nicht um das gesellschaftliche Beisammensein ging. Wenn man zu ihren Gästen gehören wollte, mußte man Zeit und Geld mitbringen. Denn Annamaria war eine Spielerin geworden. Alle ihre Gedanken kreisten um ihre neue Leidenschaft, das Spiel. Meist wurde bis in die frühen Morgenstunden gezockt. Sie schlief fast den ganzen Tag, das Abendessen für ihre Gäste war ihr eine lästige Pflicht, sie fieberte dem Augenblick entgegen, an dem sie sich wieder an den Spieltisch setzen konnte. Doch da ein passionierter Spieler unbewußt verlieren will, verlor Annamaria. Sie verlor allmählich horrende Summen, die sie zuerst mit ihrem Privatvermögen finanzierte, dann mit den großzügigen Zahlungen Enricos, aber als nach ein paar Jahren der größte Teil des Grundstücks, das zu der Villa gehörte, verkauft war, kam der Tag, an dem Enrico, dem die Spielleidenschaft seiner Frau unbekannt war, eingeweiht werden mußte. Ein alter Freund Annamarias hatte ihr, wenn sie Spielschulden gemacht hatte, immer wieder unter die Arme gegriffen, aber als der Schuldenberg zu schwindelerregender Höhe angewachsen war, mußte Annamaria ihren Mann einweihen und zum ersten Male um Geld bitten.

Nun waren in der Zwischenzeit Enricos Geschäfte immer besser gegangen, er besaß eine ganze Kette gutgehender Schuhläden in Europa und hatte schon einige Jahre zuvor den großen Schritt über den Atlantik getan, um von New York aus den amerikanischen Markt zu erobern. In Argentinien und Venezuela hatte er zwei große Gerbereien aufgekauft, in denen Rinds-, Schaf- und Ziegenhäute zu Leder verarbeitet wurden. In ganz Italien arbeitete eine straff organisierte Armee von auf meist nur einen Arbeitsgang spezialisierten Schustern, Lederherstellern, Oberlederzuschneidern, dazu kamen Stylisten, Verpacker und Versandfirmen und vor allem die gleich Handlungsreisenden umherfahrenden Organisatoren, die den Herstellern das für den jeweiligen Arbeitsgang erforderliche Material zulieferten.

Enrico war ein fanatischer Arbeiter, offensichtlich mit wenig Zeit und Sinn für ein ruhiges Privatleben, auch wenn er bei seinen kurzen Besuchen in Taormina nie ohne ein Geschenk für seine Frau und seine Tochter Enrica kam. Doch diese Stippvisiten wurden immer seltener, seine Aufenthalte in Südamerika zogen sich immer mehr in die Länge. Enrica besuchte seit einigen Monaten ein feines Internat bei Vevey in der französischen Schweiz, und so blieb Annamaria monatelang allein in Sizilien. Als sie nun also nach Florenz fuhr, um Enrico um die besagte Geldsumme zu bitten, war dieser, wie sie jetzt erfuhr, wieder einmal in Venezuela. Er war auch telefonisch nicht zu erreichen, und so mußte Annamaria mit Enricos Geschäftsführer vorliebnehmen, der Enrico offensichtlich abschirmte und von diesem sogar ermächtigt worden war, ihr selbst beträchtliche Summen auszuzahlen. Der Betrag, um den es nun ging, brachte aber auch den Geschäftsführer in Verlegenheit. Er lehnte wortreich und bedauernd ab. So flog Annamaria noch am selben Tag nach Caracas, um Enrico aufzusuchen. In Enricos Büro bedurfte es einiger List, um herauszubekommen, daß Enrico bei Puerto Ordaz in der Nähe seiner Gerberei ein Landhaus erworben hatte. Als sie dort läutete, wurde die Tür von einer jungen farbigen Frau geöffnet, und als Annamaria Enrico zu sprechen verlangte, bekam sie zur Antwort: »Mein Mann ist nicht zu Hause.«

Annamaria war wie vom Donner gerührt. Ohne ein Wort machte sie kehrt und flog nach Florenz zurück. Dem Geschäftsführer Enricos machte sie klar, daß sie eine Klage wegen Bigamie anstrengen würde, wenn Enrico nicht umgehend zurückkäme. Schon einen Tag später traf Enrico in Florenz ein und bat zerknirscht um Annamarias Verzeihen. Doch sie war nicht zu bewegen, auch nur ein Wort zu äußern. Obwohl Enrico es sich ein Vermögen kosten ließ, ihre Vergebung zu erlangen, blieb sie stumm. Zehn Jahre lang.

War es in ihrer eigenen Kindheit Annamaria, die unter der Wortlosigkeit ihrer Eltern gelitten hatte, so galt dies jetzt für ihre Tochter Enrica. Nun wurde sie als Vermittlerin der notwendigen Botschaften zwischen Vater und Mutter hin- und hergeschickt. Es schmerzte Annamaria, daß Enrica offensichtlich mehr an ihrem Vater hing, doch sah sie keinen Weg, Enricas Zuneigung zu erobern. Sie tat alles, um ihrem Mann aus dem Weg zu gehen, und sobald die Jahreszeit es ermöglichte, setzte sie sich nach Taormina ab und versammelte wieder die Schar der dem Kartenspiel verfallenen Freunde um sich. Wenn Enrico ab und zu dort auftauchte, mußte Annamaria die sonst so langen Spielabende verkürzen, aber selbst hier widerstand sie hartnäckig manchem Versuch der Freunde, sie mit Enrico zu versöhnen, so daß auch der immer seltener in Taormina auftauchte und sich noch besessener in seine Arbeit stürzte.

*

Es war Abend in Taormina. Annamaria saß mit ihren Freunden beim üblichen Pokerspiel, als das Telefon läutete. Annamarias Tochter Enrica rief aus einer Florentiner Klinik an. Enrico, ihr Vater, habe einen Iktus, einen Gehirnschlag, erlitten, es ginge um Tod und Leben. Annamaria legte den Hörer auf, kam zum Spieltisch zurück, nahm im Stehen ihr Blatt auf, das sie verdeckt hatte liegenlassen, und warf es, bitter lächelnd, offen auf den grünen Filz.

Enrico starb nicht. Zwei Monate später schob Annamaria ihn im Rollstuhl aus der Klinik.

Zu Hause war alles für die Rückkehr eingerichtet. Ein Krankenbett, eine Krankenschwester, an der Decke ein Fernsehgerät, neben dem chromglänzenden Klinikbett ein ebensolcher Nachttisch mit einem Pappagallo, wie man in Italien die Urinflaschen nennt. Von der Decke herunter hing ein Holzgriff, auch der nicht brauchbar für Enricos erbarmungswürdigen Zustand. Die Ärzte hofften, daß die Totallähmung sich mit der Zeit bessern würde. Enricos Augen tränten, die Lider blieben halb geschlossen, die Zunge hing seitlich schlaff aus dem offenen Mund, Speichel lief am Kinn herunter. Die Ärzte hatten gesagt, daß Enrico vorerst nur verschwommen wahrnehmen, bald aber hören, wahrscheinlich sogar wieder verstehen würde. Was das Sprechen beträfe, so sei das Sprachzentrum im Gehirn durch Blutungen erheblich verletzt worden, so daß man keine Prognose über die Wiedererlangung der Sprache wagen könne.

Die größte Änderung im Hause Benvenuti aber war: Annamaria *sprach* mit Enrico, sie sprach unablässig mit ihm, flehte ihn hundertmal am Tage an, ihr irgendein Zeichen zu geben, vielleicht mit den

Augenlidern; einmal die Augenlider schließen sei »ja«, zweimal »nein«, er solle es doch bitte, bitte versuchen, er müsse sie doch hören, müsse sie doch verstehen …!

War Enricos Krankheit ihr so zu Herzen gegangen, daß dieses ihr befohlen hatte, ihr Schweigen zu brechen? Mitnichten! Sie hätte sich ohrfeigen können, daß sie jahrelang so sorglos gewesen war. Wäre Enrico nämlich gestorben, sie wäre Alleinerbin gewesen; erst einmal, ihre Tochter wäre später drangekommen, aber so? Von ihrem eigenen kleinen, gebeutelten Bankkonto abgesehen, hatte und wußte sie nichts, sie kannte keine Bankkontonummer Enricos, auch nicht die Nummernkonten in der Schweiz. Sie kannte nicht einmal den Code des Panzerschranks in Enricos Arbeitszimmer. Sie hatte keine Ahnung, ob und wo Enrico Aktien oder Wertpapiere besaß, ob er jemals ein Testament gemacht hatte. Wie naiv sie gewesen war!

An den enormen Komplex des Schuhimperiums war nicht heranzukommen. Es bestand aus einem weitverzweigten Geflecht von multinationalen Körperschaften, Holdings, Aktien-, Kommanditgesellschaften, nichts davon gehörte zu Enricos greifbarem Privatvermögen. Um dieses in ihre Hand zu bekommen, gab es nur zwei Möglichkeiten: Enrico mußte sterben oder sprechen.

Annamaria fütterte Enrico, wie sie Enrica, ihre Tochter, als Baby gefüttert hatte, sie forschte in seinen Augen, ob sie reagierten, und manchmal hatte sie den Eindruck, Enrico hörte und verstünde etwas von dem, was sie ihm sagte, so schlau und bösartig schien ihr manchmal deren Ausdruck.

Tatsächlich trat nach ein paar Monaten eine Besserung ein. Die Lähmung der rechten Körperseite schien nachzulassen, der rechte Mundwinkel hing nicht mehr so schlaff herunter, der abwesende Ausdruck seines Gesichts verschwand allmählich, und er begann dem alten Enrico wieder ähnlicher zu sehen.

Annamaria hatte die Hoffnung auf eine schnelle Genesung Enricos aufgegeben. Da es Winter geworden war, hatte sie ihre Freunde aus Taormina nach Florenz eingeladen. Zwei-, dreimal in der Woche trafen sie sich in ihrer Wohnung zum Essen und anschließenden Kartenspiel. Zuerst war Annamaria immer wieder vom Spiel aufgestanden, um nach Enrico zu sehen, doch bald empfand sie keine Hemmungen mehr, Enrico in seinem Rollstuhl ins Spielzimmer zu schieben und ihn so hinzustellen, daß sie sein Gesicht sehen konnte.

Bald glaubte Annamaria verstanden zu haben, daß Enrico gar nicht sprechen wollte. Aber sie gab nicht auf. Sie schrieb die Fragen, an deren Beantwortung ihr soviel gelegen war, auf große Zettel, setzte dem Kranken seine Brille auf und hielt ihm die Fragen immer wieder vor die Augen. Dann kam sie auf ein grausames Spiel. Sie begann Enrico zu erpressen. Für jede Handreichung, auf die er angewiesen war und die sie, den Ekel überwindend, tapfer tat, für jeden Löffel Brei, für jeden Schluck Wasser, von dem er am abhängigsten war, handelte sie Enrico schließlich Antwort für Antwort, Zahl für Zahl seiner Kontonummern ab. Am hartnäckigsten verteidigte Enrico den Code seines Safes. Als sie ihm die Kombination endlich abgepreßt hatte, brach Enrico weinend zusammen. Aber für Annamaria war es der endgültige Sieg.

Bald war es für sie nur noch ein Kinderspiel, im Beisein ihres Notars von Enrico eine Vollmacht über sein Vermögen zu erlangen. Als das gesamte Vermögen Enricos schließlich in Form von Papieren, Schlüsseln, Kontoauszügen, Goldbarren zum Greifen vor ihr lag, ging sie skrupellos an den Verkauf, die Liquidation des Teils, der am leichtesten und ohne großen Sachverstand flüssigzumachen war.

Auch das Geschäftsvermögen Enricos schwand schnell dahin. Es stellte sich heraus, daß der Geschäftsführer große Teile von Enricos Schuhimperium veruntreut, unter seine Kontrolle und sogar in seinen Besitz gebracht hatte. Das internationale Verteilernetz zerfiel, die Produktion ging in andere Hände über, die Aktien fielen in den Keller. In weniger als einem Jahr, das konnte Annamaria in der Zeitung lesen, stand der Ruin, die Liquidation der Firma vor der Tür.

Und doch wußte Annamaria, daß Enrico ihr nicht alles preisgegeben hatte. Sie hatten selbst in der glücklichsten Zeit nicht ausführlich darüber gesprochen, doch sie wußte, daß da eine große Summe Geldes auf einem oder mehreren Nummernkonten in der Schweiz liegen mußte. Doch wie sie es auch anstellte, kein Druckmittel, keine ihrer kleinen Foltermethoden konnten Enrico zur Preisgabe seines letzten Geheimnisses bringen. Vor Weihnachten zog sie sich grollend mit den wenigen Freunden, die ihr verblieben waren, nach Taormina zurück und überließ sich ihrer Spielleidenschaft, der sie nun ohne jede Selbstbeherrschung frönte. Sie spielte jetzt um so hohe Einsätze, daß ihre alten Freunde nicht mehr mithalten konnten und sich entweder mit ihr zerstritten oder sie einfach mieden.

Enrico war in Florenz geblieben, umsorgt von einer Pflegerin, als ihn eines Tages seine Tochter Enrica besuchte. Sie war vor ein paar Tagen achtzehn geworden und teilte ihrem Vater mit, daß sie keinen Tag länger im Internat bleiben werde. Ihr Vater saß in seinem Lehnstuhl, sah sie lange an und begann – zu sprechen! Enrica lief zu ihm, umarmte ihn weinend und küßte ihn. Enrico sprach lange mit ihr, obwohl er schnell ermüdete und immer wieder Pausen einlegen mußte. Schließlich sagte er, daß er ihr, Enrica, da sie ja nun großjährig wäre, ein Geschenk machen wolle, bevor ihre Mutter ihm auch noch dieses Geheimnis entreißen würde, das Geheimnis des Schweizer Nummernkontos. Er nannte ihr die Luganer Bank und eine Nummer mit nur fünf Zahlen. »Löse dieses Konto auf, eröffne ein neues, und lege das Geld gut an. Es ist das letzte, was ich besitze.«

Zwei Tage später schleppten Enrica und ein hübscher junger Mann, seit zwei Jahren Enricas Freund, in Lugano eine schwere Ledertasche aus dem Banco del Lago, verstauten sie im Kofferraum eines funkelnagelneuen roten Sportwagens und brausten übermütig lachend davon. Sie fuhren jedoch nicht lange: Gerade zehn Kilometer weiter hielten sie vor einem Hotel in Campione d'Italia. Am Abend gingen sie ins Spielcasino und fielen durch ihre hohen Einsätze beim Baccarat auf.

Eine Woche später verkauften sie den Sportwagen, um Schulden, Hotel und die Rückreise mit der Bahn nach Italien zu bezahlen.

Enrica hat weder ihren Vater noch ihre Mutter wiedergesehen.

Der Klavierstimmer

Wie der ganze November in Paris war jener Dienstag morgen regnerisch und kalt. Das richtige Wetter für einen Museumsbesuch, dachte ich beim ersten Blick aus dem Fenster. Damals interessierte ich mich gerade für chinesische Malerei. So fuhr ich mit der Metro zum Boulevard de Courcelles. Von der Metro-Station Monceau waren es nur ein paar Schritte durch den Park zum Musée Cernuschi in der Rue Velasquez. Doch als ich, schon ziemlich durchnäßt, dort ankam, fand ich das Museum aus unerfindlichen Gründen geschlossen. Enttäuscht wollte ich wieder den gleichen Weg zurück einschlagen, doch der eisige Wind blies mir entgegen, der feine Regen stach mir mit tausend Nadelstichen ins Gesicht, und so kehrte ich, vor mich hinfluchend, um und trat durch das prächtige schmiedeeiserne Tor des Parc de Monceau auf den Boulevard Malesherbes hinaus. Den Wind im Rücken, ging ich den breiten Boulevard hinunter, während ich hin und wieder nach einem Taxi Ausschau hielt. Vergeblich. Auf halbem Wege schien mir die Metro-Station an der Place St Augustin so weit weg, daß ich aufgab und links in die Rue de Lisbonne einbog. Die Metro-Station Europe lag zwar kaum näher, auch regnete es hier stärker, aber dafür war der Wind kaum zu spüren.

In der Rue de Madrid drang, wie beim Stimmen eines Orchesters, ein wirrer Tonsalat von Klavieren, Geigen, Hörnern, Flöten und Frauenstimmen durch alle Ritzen des Conservatoire National de Musique. Ich überquerte die Straße und flüchtete in das offene Portal. Dort drängte ich mich durch eine Schar von schnatternden Japanerinnen, die kaum größer als ihre Geigenkästen waren. Da auch das Foyer kalt und zugig war, ging ich zum Eingang des Musée National Instrumental de Musique hinüber. Weniger aus Kunstbeflissenheit oder Neugier, sondern um aus Kälte und Nässe in ein geheiztes Gebäude zu kommen, löste ich eine Eintrittskarte, gab meinen Trenchcoat bei der Garderobe ab und trat in die angenehm geheizten Ausstellungsräume.

Ich schlenderte zuerst nur mäßig interessiert durch die verschiedenen Abteilungen mit einer unglaublichen Vielfalt von Instrumenten: Von Panflöten, Büffelhörnern, Blockflöten in allen Größen, Querflöten aus Elfenbein und Kristall über winzige Vogelflöten, Diapasone, Klarinetten und Fagotte bis zu Hörnern, Posaunen, Dudelsäcken, Walzenorgeln und einer einsamen Glasharmonika war da alles zu bestaunen, was Menschen an Musikinstrumenten im Laufe ihrer Geschichte erfunden hatten, von den einfachsten bis zu den ausgefallensten und kostbarsten Exemplaren. In einem weiteren Saal standen zu beiden Seiten Vitrinen an den Wänden, in denen alte Streichinstrumente, Geigen von Stradivari und Amati, Bratschen, Lauten und Mandolinen verstummt dahindämmerten, neben unzähligen Gitarren aus Holz, einigen bizarren Exemplaren aus Elfenbein, Perlmutt oder ganzen Schildkrötenpanzern. Am anderen Ende eine Gruppe von verstaubten Celli und Kontrabässen, wie Gefangene in eine zu enge Zelle gedrängt.

Mitten in einem recht großen Saal voller Clavecins, Spinette und merkwürdig geformter Klaviere stand auf einem runden Podest ein großer Rokoko-Flügel. Es war ein ungewöhnliches Instrument, stand auf fünf vergoldeten, grazilen Füßen und glich nur von ungefähr den schwarzen, ernsthaften Ungetümen auf den Bühnen der Konzertsäle, denn sein sehr langes, elegantes Gehäuse war rundherum mit einem Reigen von pausbäckigen Putti bemalt, und nicht nur die Oberseite des langgeschwungenen Deckels, sondern sogar dessen hochgeklappte Innenseite zeigte farbenfrohe Schäferszenen in fantastischen Parklandschaften. Ein kleines Schild auf dem Boden des Podests verriet, daß das kostbare Stück 1791 als eines der ersten Pianofortes von den Brüdern Erard, Paris, geschaffen worden war, daß es sich um ein Geschenk Napoleons an Joséphine de Beauharnais handelte und dem Museum von einer Mlle. Caroline Bouvier als Leihgabe überlassen worden war.

Mir fiel ein Besucher auf, der einige Male um den Flügel herumging, die kostbare Malerei aus der Nähe betrachtete, mit der Hand fast zärtlich darüberfuhr, sie jedoch nicht zu berühren wagte, sich dann auf eine der langen Bänke setzte, um mit einem wehmütigen Lächeln das kostbare Instrument aus größerem Abstand zu betrachten. Die gelockten dunklen Haare trug er in einer Fasson, die man früher als Künstlerhaarschnitt bezeichnet hätte. Das Gesicht darunter war edel geformt, die Haut bleich, und nur um das Kinn und den Mund herum verdunkelte sie der Anflug eines Bartes. Er trug einen schwarzen Anzug und einen ebenso schwarzen Rollkragenpullover. In seiner ganzen Erscheinung schien er mir irgendwie modisch und doch, wie soll ich sagen, aus einer anderen Zeit zu stammen.

Plötzlich wußte ich, wer der Mann war. Ich hatte ihn in einem Konzert gesehen, als Pianist, ein Pianist mit einem russischen Namen, aber der fiel mir nicht ein. Ich setzte mich nicht allzu auffällig auf das andere Ende der Bank. Er schaute zu mir herüber, eher neugierig als belästigt, ich nickte ihm freundlich zu, und er reagierte, wie Künstler reagieren, wenn man erkennen läßt, daß man sie erkennt, sie hingegen nicht wissen, ob sie einen kennen müßten, und vorsichtshalber freundlich zurücklächeln.

»Zdravstvujte, Maestro«, sagte ich, und er entgegnete höflich mit einem akzentfreien:

»Bonjour, Monsieur, kennen wir uns?« – »Ich habe Sie einige Male in Konzerten bewundert«, übertrieb ich und rutschte auf der Bank ein wenig näher. Ich bemerkte, wie er immer wieder zu dem Rokokoflügel schaute, und so sagte ich etwas unbeholfen:

»Interessieren Sie sich, ich meine, über Ihren Beruf hinaus, für Musikinstrumente, zum Beispiel für ein solch prächtiges Exemplar?«

»Interessieren ist vielleicht nicht das richtige Wort«, entgegnete er, wieder mit jenem wehmütigen Lächeln um seinen feingeschwungenen Mund, »ich kenne das Instrument, ich hätte sogar einmal darauf spielen sollen; ich habe es abgelehnt. Eine große Dummheit von mir.«

»Und heute würden Sie vielleicht gern darauf spielen?« versuchte ich zu raten.

»Es geht mir nicht ums Spielen, außerdem ist es mehr ein Museums- oder Sammlerstück und als Instrument für einen professionellen Pianisten ziemlich ungeeignet.«

Plötzlich fiel mir sein Name wieder ein: Panfilov, Sascha Panfilov, der umschwärmte Sascha Panfilov, der neue Pariser Darling der klassischen Musikszene. Ich war neugierig geworden. Es war klar, daß der Konzertflügel eine Rolle in seinem Leben gespielt haben mußte, und irgendwie hatte ich den Eindruck, daß er die Geschichte gerne erzählt hätte. Ich bemerkte, wie mein Nachbar sich mit einem Seufzer erhob. Ich stand ebenfalls auf, und er wandte sich mir zu:

»Ich glaube, ich muß eine Zigarette rauchen, und hier darf man ja nicht. Kommen Sie mit?« Ich nickte und verließ hinter ihm den Saal. Wir standen rauchend in dem kühlen Foyer und sprachen kaum. Der Regen hatte aufgehört, und wir entschlossen uns, das Museum zu verlassen.

Als wir zur Garderobe gingen und unsere Regenmäntel anzogen – der seine war schwarz –, fragte mein neuer Bekannter, ob ich ihn in eine nahegelegene russische Teestube begleiten wolle. Mit Vergnügen sagte ich zu.

In dem etwas plüschigen Lokal angekommen, führte er mich zielstrebig zu einem runden Tisch in einer Ecke. Offenbar war er hier ein häufiger Gast, er warf dem Kellner unsere Mäntel zu, wechselte mit ihm ein paar russische Floskeln und bestellte Tee mit Gebäck für uns beide, noch bevor wir uns hinsetzten.

Nachdem er sich höflich bei mir nach Beruf und Herkunft erkundigt und ich ihm knapp Auskunft gegeben, der Kellner das Bestellte gebracht und vor uns hingestellt hatte, warf er einige Stücke Zucker in seinen Tee, der in Gläsern im versilberten Einsatz serviert wurde, rührte um und trank in kleinen, schlürfenden Schlückchen. Dann zündete er sich eine Zigarette an, blies den Rauch schräg hoch zur Decke und ließ eine Pause entstehen, wie sie wohl alle Solisten vor dem ersten Akkord einzulegen pflegen.

Dann begann er auf eine merkwürdig in sich hineinlauschende Weise zu erzählen, als begleite seine Worte eine unhörbare Musik. Mir kam Tschaikowsky, ja, Puschkins Eugen Onegin in den Sinn!

Sein hervorragendes Französisch verriet kaum seine russische Herkunft. Wie mit einem Prélude begann die Geschichte mit seiner Jugend in einer mir unbekannten nordrussischen Provinz. Er erzählte von seinem ersten »Instrument«, den auf eine Fensterbank gemalten Klaviertasten, auf denen er seine ersten Fingerübungen machte, bis ihm ein Verwandter aus Sankt Petersburg, das damals noch Leningrad hieß, ein richtiges, wenn auch altes Klavier vermachte. Kurz berichtete er von der harten Schulung in einer sowjetischen Talentschmiede, von seinen ersten Preisen als sehr junger, als Wunderkind gefeierter Pianist, seiner mit großen Schwierigkeiten erlangten Ausreise bis zur Abschlußausbildung hier in Paris.

»Ich hatte damals gerade das Conservatoire abgeschlossen und ging mehrmals wöchentlich zu Konzerten in die Salle Pleyel. Eines Tages fiel mir eine junge Frau auf, die immer am gleichen Platz saß, ganz in meiner Nähe und wie ich auf einem der von uns Studenten begehrten Strapontins, den recht unbequemen Klappstühlen des 2. Balkons. Was mich an ihr faszinierte, war ihre besondere Art, der Musik zu lauschen.

Sie unterschied sich von den übrigen Menschen im Saal, die jenes verzückte Zuhören, verbunden mit dem genußvollen Zeigenwollen, daß sie etwas von Musik verstehen, auf den Gesichtern tragen, während es mir bei ihr so schien, als nähme sie die Musik gar nicht mit dem Gehör in sich auf. Sie hielt die Augen geschlossen, und die Klänge drangen, so hatte es den Anschein, direkt durch die Poren ihrer Haut in ihren Körper ein. In den Pausen zwischen den Musikstücken mußte sie wohl meine Blicke bemerkt haben, denn ich stellte fest, daß auch sie mich neugierig musterte.

Eines Tages kamen wir in der Pause ins Gespräch, über Musik natürlich, und nur allmählich begannen wir, da wir beide schüchtern waren, über uns zu reden.

Ich erfuhr, daß sie Caroline Bouvier hieß, das ist der Name der Frau, den Sie vielleicht vorhin auf dem Schildchen im Museum als Leihgeberin des Flügels gelesen haben.

Sie stammte aus einer alteingesessenen katholischen Familie in Aix-en-Provence. Als Fünfjährige gab ihr der Vater, Rektor eines Lyzeums in seiner

Heimatstadt, Klavierunterricht, und sie sang schon früh im Kinderchor des Heimatvereins. Eigentlich war sie nicht besonders fürs Klavierspiel begabt, und die Klavierstunden gingen selten ohne Tränen vonstatten. Warum der Vater jedoch so sehr auf der musikalischen Ausbildung bestand, hatte einen ganz bestimmten Grund. Seine Stiefschwester Lise Bouvier hatte unter dem Künstlernamen Louise Delvaux eine außerordentlich erfreuliche Karriere als Sopranistin gemacht, war nach langen Jahren erfolgreichen Gastierens an den berühmten Opernbühnen der Welt nach Paris zurückgekehrt, sang während ihrer letzten Berufsjahre im Palais Garnier – immer noch nostalgisch gefeiert, doch nicht mehr frenetisch bejubelt – diese oder jene ihrer Paraderollen, sie gab Liederabende, erteilte Gesangsunterricht und schrieb eine bemerkenswerte Autobiographie.

Nachdem Caroline ihr Bac bestanden hatte, war für ihren Vater klar, daß sie in Paris Gesang studieren müsse, und so lag es nahe, daß sie in einen freundschaftlichen Kontakt zu der berühmten Tante Louise trat. Die hatte ihr anfänglich einige Gesangsstunden gegeben, doch dann in einem ernsten Gespräch Carolines Vater, ihrem Stiefbruder, freundlich, aber unmißverständlich klargemacht, daß ihre intelligente und sympathische Nichte nicht genügend Talent besäße, um eine Karriere als Sängerin wagen zu können.

Der Vater war tief enttäuscht, doch Caroline empfand, als er ihr die für ihn so bittere Nachricht überbrachte, eine große Erleichterung. Sie hatte an der Sorbonne englische und deutsche Literatur sowie Kunstgeschichte belegt und studierte, vom väterlichen Zwang zur Gesangslaufbahn befreit, ernsthaft, wenn auch ohne besonderen Ehrgeiz, während ihre Beschäftigung mit Musik sich nun ganz auf den Genuß von Opernaufführungen und Konzerten beschränkte, wofür sie von der Tante die sonst für sie unerschwinglichen Eintrittskarten geschenkt bekam.

Dies alles erfuhr ich nicht auf einmal, sondern im Laufe vieler Gespräche, die wir nach Konzerten und ersten Verabredungen führten. Ich stellte fest, daß ich verliebt war. Und ich war verwöhnt genug anzunehmen, daß ich auf Gegenliebe hoffen durfte.

Caroline war nicht wirklich schön, sie besaß ein einfaches, offenes Gesicht mit Sommersprossen um die Nase herum und ein reizvolles Lachen. Es war anfangs eine sehr romantische, rührend unschuldige Beziehung, die allmählich immer vertrauter wurde. Ich war nie ganz sicher, ob auch sie in mich verliebt war, ich hoffte es, wünschte es, bis ich sie eines Tages dazu brachte, mich in meiner Studentenbude in der Nähe der Cour de Rome zu besuchen, die sich in einem alten Haus unweit des Bahnhofs Saint Lazare befand. Die Wohnungen darin wurden direkt vom Conservatoire an Musikstudenten vergeben, die auf den verschiedensten Instrumenten bis in die Nacht hinein üben konnten, ohne daß Nachbarn dagegen protestierten.

An der einzigen geraden Wand meiner Mansarde stand ein altes Klavier. Ich spielte Caroline einige ihrer Lieblingsstücke vor, Chopin, Tschaikowsky, Schumann. Da kein anderes bequemes Sitzmöbel da war, hatte sie sich auf die Bettkante gesetzt. Als ich einmal den Kopf zu ihr wandte, bemerkte ich, daß sie wieder in jener Haltung des Musikaufnehmens war, die mir seit den Anfängen in der Salle Pleyel so lieb geworden war. Den Kopf hielt sie in den Nacken gelegt, und um ihre leicht geöffneten Lippen spielte ein gelöstes Lächeln. Es dämmerte früh an jenem Wintertag. Ich hörte zu spielen auf, ging leise zu ihr hinüber und küßte sie. Während ich sie entkleidete, öffnete sie nicht die Augen.

Später hatte sie in der Dunkelheit ihren Kopf auf meine Schulter gelegt, und ich merkte, daß sie weinte. Ich wollte Licht machen, aber sie hielt mich zurück. Sie gestand mir schluchzend, daß ich ihr Angst eingeflößt hatte mit der drängenden Gewalt der körperlichen Liebe, so ähnlich drückte sie sich aus, und ich verstand allmählich, was sie meinte, daß nämlich ihre Liebe der Musik, auch wohl dem Interpreten, nicht aber dem Mann galt. Ich war verletzt, sie hingegen versicherte mir immer wieder, daß ich für sie ein Idol sei, an das nichts auf der Welt heranreichen könne, und daß dieses Gefühl für sie unendlich kostbarer sei als eine letztlich doch banale sexuelle Beziehung.

In der nächsten Zeit versuchte ich, mich von ihr zu lösen, aber es gelang mir nicht. Sie beschwor mich, daß ich mich auf unsere wunderbare Seelenfreundschaft einlassen möge, aufgebaut auf dem starken Fundament unserer gemeinsamen Liebe zur Musik.

Ich erhielt bald darauf ein Stipendium in Wien, ging dann in ein Engagement an einer deutschen Oper. Ich schrieb ihr weiterhin Briefe, die sie immer seltener beantwortete, bis sie für lange Zeit ganz verstummte. Später erfuhr ich in unseren Gesprächen nach meiner Rückkehr und aus ihren Briefen, die sie mir danach wieder schrieb, die unglückliche Geschichte der dazwischenliegenden Zeit.

Caroline war im vierten Semester, als ihr auf einem der berühmten Künstlerfeste auf dem Montmartre, die damals noch im Schwange waren, ein Mann auffiel. Während sich die Mehrzahl der mit wenig Mitteln, aber phantasievoll kostümierten Studenten und Künstler in den Festtrubel stürzte, bemerkte Caroline den nur andeutungsweise als Scheich verkleideten, gutaussehenden jungen Mann mit einem kantigen, männlichen Gesicht, der anfangs seine frühzeitige Glatze unter einem arabischen Kopftuch versteckt hatte und der nicht tanzte, sondern rauchend und mäßig amüsiert die ausgelassene Gesellschaft beobachtete.

Caroline trat zu dem erstaunt aufblickenden jungen Mann und bat ihn, obwohl sie gar nicht rauchte, um eine Zigarette. Sie hockte sich zu ihm, und sie begannen ein Gespräch. Es stellte sich heraus, daß er Dominique hieß, mit einem sehr berühmten Nachnamen. Ja, er war in der Tat der Sohn des berühmten Philosophen. Auch er hatte Philosophie studiert, dann aber das Studium abgebrochen, um Maler zu werden.

›Noch nicht besonders erfolgreich‹, gab er zu. Wie beiläufig zeigte er auf einige großflächige Leintücher der Wanddekoration mit mehr oder weniger deftigen Karnevalsszenen venezianischen Kolorits.

›Meine letzten Werke‹, warf er ohne Stolz hin. Caroline war beeindruckt, und Dominique sah sie lächelnd an. Sie trug ein Kolombine-Kostüm, das Tante Louise ihr aus ihrem privaten Fundus geliehen hatte. Das Fest hatte den Höhepunkt überschritten. Ihre Unterhaltung war ins Stocken geraten. Dominique schaute ihr abschätzend in die Augen. Caroline merkte, wie sie errötete. Er streckte unvermittelt seine kräftige Hand aus: ›Geh'n wir?‹ Ohne ihre Antwort abzuwarten, stand er auf und zog sie auf die Füße. An der Garderobe suchten sie lange nach ihren Mänteln, dann traten sie in die kalte Nacht hinaus. In viel zu leichten Schuhen stapften beide durch den Schneematsch, der vom üppigen Schneefall der letzten Tage übriggeblieben war.

›Gehen wir zu mir oder zu dir?‹ fragte Dominique. ›Zu mir, es ist nicht weit‹, erwiderte Caroline und hängte sich bei ihm ein. Als sie vor ihrer Haustür ankamen, merkte Caroline, daß sie ihren Hausschlüssel vergessen hatte, und ihre Zimmerwirtin war aufs Land zu Verwandten gefahren. ›Dann gehen wir eben zu mir, aber das ist leider ziemlich weit.‹ Sie liefen zuerst noch lachend und rutschend den Weg vom Montmartre herunter und kamen nach über einer halben Stunde mit nassen und vor Kälte gefühllos gewordenen Füßen bei seiner Wohnung im Marais an. Lange rieben sie sich gegenseitig ihre erstarrten Füße, tranken Glühwein, und obwohl sie beide todmüde waren, liebten sie sich eher selbstverständlich als leidenschaftlich.

Am Morgen wachten beide sehr erkältet, schwitzend und hustend auf, drei Tage lang verließen sie das Bett nicht, und fünf Wochen später standen beide vor dem Standesbeamten im Rathaus des 3. Arrondissements in der Rue Perrée.

Caroline hatte ihre Eltern nicht eingeweiht, doch Tante Louise hatte sich spontan bereit erklärt, Trauzeugin zu sein. Dominique hatte am selben Morgen Mickey, einen amerikanischen Malerkollegen irischer Herkunft, aus dem Bett getrommelt, der, als er verspätet und noch völlig betrunken auftauchte, als erstes nach der Toilette fragte. Der Standesbeamte schaute laufend auf seine Armbanduhr, die er am rechten Handgelenk trug, da ihm der linke Arm fehlte. Am Revers seiner abgetragenen, glänzenden dunklen Jacke trug er das kleine rote Bändchen der Legion und über der Brusttasche ein gestreiftes Ordensband mit einer goldenen Medaille. Mickey, der betrunkene Maler, konnte sich über den fehlenden Arm des armen Beamten gar nicht beruhigen und fragte immer wieder, ob solch eine einarmige Zeremonie überhaupt gültig sei. Als er laut und falsch ›Here comes the bride …‹ zu grölen begann, drohte der Beamte, alle vier hinauszuwerfen, kürzte die Zeremonie aufs Notwendigste ab und winkte die nächste, personenreiche Hochzeitsgesellschaft herein.

Tante Louise hatte ein kleines Hochzeitsessen in ihrer Wohnung herrichten lassen, danach brach das Brautpaar zur Hochzeitsreise auf, die nach Venedig führen sollte, aber schon nach einer knappen Stunde in Fontainebleau endete, weil Dominiques alter Citroën dort seinen Geist aufgab. –

Es stellte sich sehr schnell heraus, daß die Heirat ein Fehler war. Dominique arbeitete so gut wie gar nicht. Tagelang konnte er rauchend und trinkend vor einer großen, leeren Leinwand sitzen, ohne auch nur einen Pinselstrich zu tun, und ausdauernd über den ›horror vacui‹ philosophieren. Caroline begriff zu spät, daß Dominique Alkoholiker war. Und wenn er betrunken war, kam es immer häufiger vor, daß er sie schlug. In den wenigen nüchternen Momenten entschuldigte er sich weinend. Am Anfang endeten solche Versöhnungen im Bett, aber auch das war weniger und weniger der Fall.«

Sascha Panfilov machte eine Pause, trank von seinem Tee, zündete eine Zigarette an, schaute dem blauen Rauch nach und sagte lächelnd: »Ich sollte weniger rauchen.« Dann fragte er plötzlich: »Ich langweile Sie doch nicht?« Ich wehrte ab: »Um Gottes willen, nein, sprechen Sie weiter!« und ein wenig schmeichelnd fügte ich hinzu: »Sie erzählen so gut, wie Sie Klavier spielen, wenn Sie das nicht beleidigt!« Mit einem graziösen Nicken akzeptierte er das Kompliment und fuhr fort:

»Ich hatte nie aufgehört, Caroline zu schreiben. Am Opernhaus einer deutschen Stadt hatte ich inzwischen ein Engagement als Kapellmeister angenommen, berichtete Caroline stolz von meinen ersten Erfolgen und fügte Kritiken aus deutschen Zeitungen bei, da sie ja ganz gut Deutsch sprach.

Eines Tages erschien Caroline, weinend und durch rote Schwellungen im Gesicht entstellt, bei Tante Louise. Dominique hatte meine Briefe gefunden und gelesen und sie am Ende einer ebenso unbegründeten wie erniedrigenden Eifersuchtsszene sogar geschlagen. Danach kehrte Caroline nicht mehr in Dominiques Wohnung zurück. Sie blieb für einige Tage bei Louise, die ihr ganz entschieden zur Scheidung riet, und erst jetzt gestand ihr

Caroline, daß sie schwanger war. ›Du darfst das Kind nicht bekommen, nicht von diesem Säufer!‹ entschied Tante Louise, und sie fuhr noch am gleichen Tag mit Caroline in deren kleinem Peugeot in die Klinik eines Freundes außerhalb von Paris. Der Arzt war auch der Meinung, daß dies ein Fall war, der einen Schwangerschaftsabbruch rechtfertigte.

Ein halbes Jahr später war Caroline geschieden. Kurze Zeit danach erhielt ich wieder Briefe von ihr, in denen sie mir ihre verunglückte Beziehung schilderte.

Während ihrer kurzen Ehe war der Kontakt mit ihrer früheren Vermieterin nie abgebrochen. So konnte sie die ihr liebgewordene Studentenbude auf dem Montmartre wieder beziehen und lebte ein bescheidenes Junggesellinnenleben. Für sie war, wie sie sagte, das Kapitel Männer erledigt. Sie machte sich wohl nicht klar, daß sie mich mit diesem Geständnis verletzte, obwohl ich ihr andererseits für ihr unverändertes Vertrauen dankbar war.

Seit ihrer Trennung von Dominique war die Beziehung zu Tante Louise viel inniger geworden. Die alternde Sängerin lebte seit mehreren Jahren allein in der riesigen Wohnung in der prachtvollen Avenue Henri Martin im noblen Teil des ›Seizième‹, des 16. Arrondissements.

Louises Mann Dimitrios – ich komme nicht auf seinen Familiennamen, nicht Landuris, warten Sie, ich glaube Gulandris, ja, Gulandris – stammte aus einer alten Familie griechischer Reeder und war in jungen Jahren einmal ›reicher als Niarchos und dieser schreckliche neureiche Onassis zusammen‹, wie Tante Louise versicherte. Das Haus hatte der Großvater ihres Mannes in den achtziger Jahren des letzten Jahrhunderts im üblichen pompösen Stil der Gründerjahre erbaut. Dessen Sohn hatte das Haus verkauft und nur den eleganten, repräsentativen ersten Stock behalten, mit sieben, acht Meter hohen, in den vorderen Teil des zweiten Stockwerks hochragenden Mauern mit protzig vergoldeten Stuckdecken, riesigen Kaminen aus Marmor mit vergoldeten Bronzereliefs in den Repräsentationsräumen.

Louise hatte sich zurückgezogen und pflegte keinen gesellschaftlichen Umgang mehr, seit ihr Mann Dimitrios bei einem Flugzeugabsturz auf einer Antilleninsel ums Leben gekommen war. Tante Louise konnte stundenlang von der glücklichen Ehe mit ihrem Mann erzählen, als er, nachdem er die Reederei seiner Vorfahren an einen Konkurrenten verkauft hatte, ihr zu ihren Engagements überall in der Welt gefolgt war, sie verwöhnte und beschenkte und sie fast keinen Tag allein ließ. Sie gestand Caroline auch, daß er, obwohl viel älter als sie, bis zuletzt ein wunderbarer Liebhaber gewesen war.

Caroline besuchte ihre Tante, deren Ehe kinderlos geblieben war, regelmäßig, wenn sie nicht gerade einen Auftritt hatte, was nun auch immer seltener geschah, denn Tante Louise wurde krank. Ihre Stimme war noch erstaunlich intakt, aber sie bekam, zu früh für ihr Alter, lästige Beschwerden. Sie hatte an beiden Augen den grauen Star, doch scheute sie die Operation. Auch hatte sie, obwohl man sie schon als junge Sängerin als korpulent bezeichnen konnte, stark zugenommen, was ihr nun Schwierigkeiten beim Gehen verursachte. So war es immer öfter Caroline, die sich anbot, ihrer Tante vorzulesen oder sie zu begleiten, wenn sie das Haus verließ. Sie tat das gerne, denn sie liebte die Gespräche mit Louise, wenn es auch eher Monologe waren, die aus ihr hervorsprudelten. Und sie hatte ja auch viel zu erzählen. Caroline hatte Tante Louises Autobiographie aufmerksam gelesen, so konnte sie genaue Fragen stellen, doch das größte Vergnügen Louises bestand darin, Caroline zu beichten, wann und wo sie in ihrem Buch ›geflunkert‹ hatte. So kamen denn recht pikante Abenteuer aus ihrer Jugend, Einzelheiten und Geständnisse zutage. Und Caroline war ein gutes Publikum.

Eines Tages hatte Tante Louise sich von einer Freundin überreden lassen, eine Abmagerungskur zu machen. Sie empfahl ihr ein berühmtes Sanatorium auf einer der balearischen oder kanarischen Inseln, dessen Kuren als drakonisch und sehr teuer bekannt waren. Kurze Zeit später erhielt Louise das Angebot des Sanatoriums, daß man es sich in Anbetracht der Prominenz der ›Primadonna‹ als

Ehre anrechnen würde, wenn sie die Einladung zu der dreiwöchigen Kur – ohne jede Bezahlung versteht sich – annehmen würde. Nach einigem Zögern sagte sie zu. Caroline hatte Tante Louise zum Flughafen Orly begleitet und nach einer Woche eine merkwürdig deprimiert klingende Nachricht von ihr auf einer Postkarte erhalten. Diese sollte das letzte Lebenszeichen bleiben. Caroline erfuhr durch eine Schlagzeile des France-Soir (Zu Tode gehungert!), daß eine ›große Stimme für immer verstummt‹ sei. Sie konnte es nicht fassen. Eine ganze Woche lang folgten in derselben Zeitung und in einschlägigen Magazinen Enthüllungen über die ›Todesklinik des Dr. Y.‹ und dessen arme Opfer.

Beim Begräbnis stand Caroline in der ersten Reihe am Grab auf dem alten Friedhof von Aix-en-Provence. Als sich die riesige Trauergemeinde verlief, war ein graumelierter Herr auf Caroline zugetreten, hatte sich ihr als Maître Bernardeau, Notar und Rechtsanwalt, vorgestellt und erklärt, daß er der Testamentsvollstrecker ihrer Tante sei und sie bitte, in den nächsten Tagen in seiner Kanzlei in Paris vorbeizuschauen.

Caroline war nicht wenig erstaunt, als der Notar ihr eröffnete, daß sie von ihrer Tante die Wohnung in der Avenue Henri Martin geerbt hatte. Und zwar mit allen antiken Möbeln, kostbaren Gemälden und Teppichen, einer riesigen Bibliothek mit schönen alten ledergebundenen Büchern, aber auch mit häßlichen Stapeln zerfledderter Partituren, mit Schachteln voller alter Fanpost, mit getrockneten Blumensträußen und ganzen Schränken voller Geschenke und Erinnerungen aus aller Herren Länder.

Caroline hatte vorher nie alle Räume der Wohnung gesehen. Sie beriet sich mit dem Notar, denn sie konnte sich zuerst nicht vorstellen, daß sie die Wohnung selbst hätte bewohnen können. Sie fühlte sich eigentlich wohl in ihrer Studentenwohnung, aber der Anwalt rechnete ihr vor, daß sie als Eigentümerin einer großen Wohnung die Miete sparen und selbst einen Teil der Wohnung vermieten könnte. Von einem Verkauf der kostbaren Immobilie riet er angesichts der Baisse auf dem Wohnungsmarkt dringend ab.

Caroline ließ sich überzeugen. Die wertvollen Gemälde, meist düstere alte Holländer, denen sie nichts abgewinnen konnte, gab sie bei einem seriösen Galeristen am Quai Voltaire zum Verkauf, nahm selbst einige Male an den Versteigerungen der Bilder in der Salle Drouot teil, staunte über die Unsummen, die geboten und gezahlt wurden, und stellte zuerst ungläubig, dann beglückt fest, daß sie wohlhabend, ja, sogar reich geworden war.

Sie vermietete anfangs den hinteren Teil der Wohnung, der zum Garten hinaus lag, und bewohnte die Räume zur Straßenseite, deren einer das Musikzimmer war. Dort, in einem erhöhten Alkoven, thronte auch das wertvollste Möbelstück der ganzen Wohnung, jener alte, wertvolle Flügel, den Sie eben im Museum gesehen haben. Dimitrios hatte das Instrument in Louises großer Zeit als Sopranistin in einem berühmten englischen Auktionshaus für eine Rekordsumme ersteigert, um es ihr anläßlich ihrer umjubelten ›Norma‹ in der Royal Opera am Covent Garden zu schenken.

Tante Louise, früher selbst eine passable Pianistin, hatte nach dem Tod ihres Mannes den Flügel nie mehr angerührt, und so hatte das Instrument jahrelang ein stummes Dasein als Reliquie geführt und war natürlich so verstimmt, daß es, wenn einmal jemand unerlaubt oder unbedacht in seine Tasten griff, nur jämmerliche Töne hervorbrachte.

Caroline gewöhnte sich bald an ihr sorgloses Leben. Der Besitz der Wohnung hatte es mit sich gebracht, daß ihr Freundeskreis rasch anwuchs. Sie hatte auch nicht mehr vermietet, nachdem sie mit ihrer ersten Untermieterin schlechte Erfahrungen gemacht hatte. Regelmäßig gab sie Abendessen, Musikabende und Partys.

Ich lebte seit einiger Zeit wieder in Paris, wo ich allerdings keine Wohnung unterhielt, sondern auf Anraten meiner Konzertagentur, wohl aus Steuergründen, in einer Suite des ›Plaza Athénée‹ residierte. Als ich mich eines Tages wieder bei Caroline meldete, lud sie mich zu einem besonderen Abendempfang ein, an dem, wie ich erst später erfuhr, auch musiziert werden sollte. Sie hatte sich ausgedacht, daß ich mich sicher nicht zieren würde, für ihre Gäste ›eine Probe meiner Kunst‹ zu geben.

Hierzu war es nötig geworden, den Flügel stimmen zu lassen. Caroline erinnerte sich eines Klavierstimmers, von dem ihr Tante Louise einmal erzählt hatte. Der Mann war, wie viele Klavierstimmer, blind. Als er vor Jahren zum ersten Mal zu ihrer Tante gekommen war, erschien er in Begleitung eines Mannes, der ihn führte. Diesem habe die Tante danach jedes Mal für seine menschenfreundliche Tätigkeit ein Trinkgeld zugesteckt.

Beim Stimmen sei sie selbst nie dabeigewesen. Bis sie einige Jahre später, während im Musikzimmer der Flügel gestimmt wurde, zufällig hineingeschaut hatte. Wie groß war ihre Überraschung gewesen, als sie feststellte, daß nicht der Blinde, sondern dessen Begleiter der Klavierstimmer war. Louise habe diesen diskret gefragt und erfahren, daß sein blinder Freund früher selbst ein begehrter Klavierstimmer gewesen sei, bis er, im Alter taub geworden, seinen Beruf nicht mehr habe ausüben können, und so füttere er ihn eben auf diese Weise durch.

Caroline suchte die Adresse des Klavierstimmers in Tante Louises Adreßbuch, aber die angegebene Telefonnummer war nicht mehr aktiv. Wenig später, auf gut Glück im Anzeigenteil einer Zeitung blätternd, fand sie ein etwas ungewöhnliches Inserat:

**Verstimmt? Das muß nicht so bleiben!
Bin staatlich geprüfter Klavierstimmer
für Klavier, Konzertflügel, Spinett, Harfe.
Termine auf Verabredung. Bitte rufen Sie
mich an! Tel. 452 88 71.**

Caroline fand die Annonce zuerst nicht sehr seriös, aber dann schien sie ihr doch recht humorvoll, mit ihrem sinnfälligen Wortspiel. Ein paar Tage vor dem geplanten Abend verabredete sie sich telefonisch mit dem Klavierstimmer, der sich am Morgen des Festes bei ihr einstellte.

Sie war überrascht, als sie den Mann mit einer winzigen schwarzen Ledertasche vor der Tür stehen sah. Er war eher klein und hatte lange, bis auf die Schulter reichende dunkelblonde Haare, die von grauen Fäden durchzogen waren.

›Guten Morgen, Sie hatten mich bestellt‹, sagte er leise.

›Sind Sie der Klavierstimmer?‹ fragte Caroline, wobei sie sich über ihre Frage wunderte, denn wer anders hätte es sein können. Er nickte, und eine kleine Geste mit den Händen besagte: ›Wer sonst‹, er sagte dann aber artig und etwas altmodisch klingend:

›Ganz recht, Monsieur Perrin der Name, Lionel Perrin‹, und als er fragte: ›Na, wo haben wir denn den Verstimmten?‹, klang es eher wie ein Arzt, der sich nach einem Patienten erkundigt, dachte Caroline, und das stimmte ja auch, der Flügel war sein Patient.

Als der Mann ins Musikzimmer trat, blieb er wie angewurzelt stehen, stellte seine Tasche ab und rief, dabei in die Hände klatschend: ›Aber das ist ja eine Schönheit! Ein wahres Museumsstück. Gibt dieses Monstrum denn überhaupt noch einen Ton von sich?‹ Der seltsame Besucher zog den Mantel aus, faltete ihn sorgfältig zusammen und legte ihn über eine Stuhllehne. Dann nahm er seine Tasche und ging ehrfürchtig um den Flügel herum. ›Bitte, verzeihen Sie mir, daß ich Sie Monstrum genannt habe! Sie sind ja ein Schmuckstück, eine Seltenheit!‹

Er konnte sich anscheinend gar nicht beruhigen. Caroline mußte lachen. Der Mann siezte ihren Flügel. Jetzt trat er näher an das Instrument heran, streichelte die gemalten Szenen und murmelte dabei: ›Wunderbar, wunderbar!‹ Er öffnete vorsichtig den Deckel des langgestreckten Flügels, um das Innenleben des Instruments zu betrachten. Jetzt wurde seine Miene ganz traurig, seine Stimme klang enttäuscht, als er ausrief:

›Aber du bist ja ein kleiner Bastard!‹ Auf einmal duzte er, was er zuerst so bewundernd gesiezt hatte. ›Was sage ich? Ein großer Bastard! – Verzeihen Sie, gnädige Frau!‹ wandte er sich an Caroline. ›Ich meine damit, daß das Innere mit dem Gehäuse nicht übereinstimmt. Es ist die Hülle eines Pianoforte-Flügels von Erard, Ende 18. Jahrhundert, wohingegen der ursprüngliche hölzerne Saitenrahmen irgendwann einmal ausgebaut und gegen einen Metallrahmen ausgetauscht wurde. Dazu mußte man das Gehäuse verbreitern, denn die den Spinetten nachempfundenen frühen Pianoforti waren schmaler als die späteren Flügel. Der Spannrahmen sieht nach einer englischen Arbeit aus, von Broadwood wahrscheinlich, ich schätze Anfang dieses Jahrhunderts. Könnte auch Steinway sein, bei dem aber die Streben, die dem enormen Druck der gespannten Saiten Widerstand leisten, nicht mehr parallel laufen. Vielleicht doch eher Broadwood, wie es diese einzelne, kräftige diagonale Strebe vermuten läßt, sehen Sie hier! – Das Hammerwerk allerdings könnte wieder von Erard stammen und wohl noch etwas später hier in Paris eingebaut worden sein. – Wie gesagt, entschuldigen Sie, klangmäßig will das nichts heißen, im Gegenteil! Ein gutes altes Gehäuse, ein sehr guter Metallrahmen und ein modernes Hammerwerk, das kann interessant sein!‹ Damit ging er an die Klaviaturseite, zog den Schemel heran, schraubte ihn mit flinken Drehungen hoch, stieg hinauf und setzte sich zurecht, während er gewandt eine Drehung hin zur Tastatur vollführte. Dann öffnete er den Klavierdeckel über der Tastatur.

›Was habe ich gesagt?‹ rief er, ›Broadwood, London. Das Jahr steht nicht dran, aber ich schätze den Rahmen auf über achtzig Jahre.‹ Bevor er in die Tasten griff, rieb er ausgiebig seine kräftigen, kurzfingrigen Hände. Dann der erste Akkord. Wieder jener leidende Ausdruck in seinem Gesicht. Er ließ die Hände in den Schoß sinken.

›Das ist ja schrecklich‹, seufzte er, ›wann ist der Bursche denn zum letzten Mal gestimmt worden? Wissen Sie das?‹ wandte er sich an Caroline, die am anderen Ende des Flügels stand und das merkwürdige Getue des kleinen Mannes faszinierend fand.

›Ich weiß nicht. Er gehörte meiner Tante, der Opernsängerin Louise Delvaux. Leider kann ich sie nicht mehr fragen, denn sie ist gestorben.‹

›Louise Delvaux? Louise Delvaux!! Dieser Flügel gehörte der göttlichen Louise?‹

Caroline fragte neugierig:

›Sie kannten sie?‹ – ›Nicht persönlich, aber ich habe sie sehr oft in der Oper erlebt, und ich habe die meisten Plattenaufnahmen von ihr!‹ Damit stieg er vom Hocker, nahm die Stimmutensilien aus seiner schwarzen Ledertasche und wandte sich dem Flügel zu:

›Dann wollen wir mal. Es wird ein wenig wehtun, nach so langer Zeit wieder unter Hochspannung gesetzt zu werden! Aber keine Angst, ich werde keine Gewalt anwenden. – Ich muß Sie darauf aufmerksam machen, gnädige Frau‹, sagte er über die Schulter, ›daß nach einer so langen Abstinenz dieses erste Stimmen wahrscheinlich nicht lange vorhalten wird, manchmal hält es sogar nur wenige Stunden. Bei einem Flügel ist es so ähnlich wie in der Liebe:

Fehlt der Gebrauch und die Erhaltung der Spannung, kann keine dauerhafte Harmonie entstehen.‹ Er sprach das französische Wort für Flügel, ›piano à queue‹, so zweideutig aus, daß Caroline fühlte, wie sie errötete. Sie fand den Vergleich unschicklich und zog sich etwas verwirrt in die Küche zurück, um Vorbereitungen für den Abend zu treffen. Bald hörte sie aus dem Musikzimmer das monotone Klimpern des Klavierstimmens.

Nach über drei Stunden verstummten die Stimmgeräusche, und Monsieur Perrin, Lionel Perrin, so hatte sie verstanden, begann zu spielen, und zwar ganz passabel zu spielen, soviel konnte Caroline feststellen. Er begann mit einiger Bravour bei Liszt, kam dann zu Mozart, den er sicher und einfühlsam interpretierte, und schien auch Leichteres nicht zu verschmähen, denn bald spielte er auch Operettiges, Jazzrhythmen und flotte Schlager. Das war für Caroline das Zeichen, sich in der Tür zum Musikzimmer zu zeigen. Vielleicht würde der gutgelaunt Musizierende dies als Wink zum Beenden seiner Arbeit begreifen. Er schaute hoch, nickte Caroline mit einem entschuldigenden Lächeln zu und spielte sein Stück effektvoll zu Ende. Dann fragte er: ›Ist es für den Hausgebrauch, oder soll ernsthaft darauf musiziert werden?‹ Caroline versuchte, bescheiden zu klingen: ›Eher das zweite. Ich habe für heute abend einen mir bekannten Konzertpianisten eingeladen. Aber Sie, für einen – Klavierstimmer spielen Sie ausgezeichnet!‹ Monsieur Perrin zuckte etwas beleidigt zusammen:

›Es war keine leichte Arbeit, aber doch auch ein großes Vergnügen! Wir haben uns zusammengerauft, würde ich sagen.‹ Damit gab er dem Flügel einen letzten liebevollen Klaps und stieg mit einer behenden Drehung vom Klavierhocker. Es war Caroline merkwürdig peinlich, ihn nach seinem Honorar zu fragen, und sie atmete erleichtert auf, als er sagte: ›Ich schicke Ihnen eine Rechnung, aber erst, wenn Sie mir sagen, ob Ihr Pianist mit dem Instrument zufrieden war.‹ Er ging noch einmal händereibend um den Flügel herum, packte seine Stimminstrumente in die kleine Tasche und ging zur Tür. Dort drehte er sich noch einmal um und rief, zum Flügel gewandt: ›Mach mir keine Schande heute abend, mein Junge!‹

Als Caroline sich an der Wohnungstür von ihm verabschiedete, küßte er ihre Hand. Sie schaute von oben auf seinen Scheitel und sah einen tonsurartigen, kahlen Kreis in seiner Mähne, deren Strähnen herabfielen und ihre Hand kitzelten, so daß sie ein nervöses Auflachen nicht unterdrücken konnte. Er blickte erstaunt hoch und sagte mit einem etwas anzüglichen Lächeln:

›Es war mir ein Vergnügen!‹ Caroline schloß die Tür hinter ihm und lächelte ihrerseits: ›Ein komischer Kauz!‹ Aber vermutlich waren alle Klavierstimmer seltsame Typen, die einen frustriert darüber, einen so monotonen Beruf zu haben, während sie sich für Künstler hielten, die anderen durch eben diese Tätigkeit zu wunderlichen Einzelgängern geworden, wie dieser merkwürdige Lionel Perrin.

Für den Abend hatte Caroline eine ausgewählte Schar von Freunden und musikalisch interessierten Bekannten eingeladen. Ich fand sie sehr verändert, seit wir uns zuletzt gesehen hatten. Ich wußte nicht, ob zu ihrem Vorteil, obwohl sie mir reifer und hübscher erschien. Sie bewegte sich sehr selbstbewußt unter ihren Gästen. Ich war wohl etwas enttäuscht, weil der ganze Aufwand des Abends so vielen Leuten galt, die ich nicht kannte. Ich hatte insgeheim gehofft, daß sie unseren ersten gemeinsamen Abend nach so langer Zeit mir allein widmen würde.

Dennoch behandelte sie mich als ihren Ehrengast. Sie hatte mich ziemlich bald nach meinem Eintreffen plaudernd ins Musikzimmer geführt und mir den Flügel gezeigt, ohne mir jedoch zu erzählen, daß nach dem Essen ein Konzert geplant war, das ich bestreiten sollte. Sie hatte Stühle und andere Sitzgelegenheiten ins Musikzimmer bringen lassen und möglichst locker angeordnet, damit nicht allzusehr der Eindruck eines bevorstehenden musikalischen Ereignisses entstehen sollte.

Im Nebenzimmer hatte sie für das Abendessen mehrere runde Tische festlich gedeckt, die Sitzplätze mit Namenskärtchen versehen, mit Blumen geschmückt und die Kerzen der silbernen Kandelaber angezündet.

Inzwischen waren alle Gäste, wie sie es angemahnt hatte, pünktlich erschienen, standen Champagner trinkend und plaudernd herum, Caroline lud gerade zu Tisch, als es an der Tür klingelte. Wer konnte das noch sein? Caroline hielt den als Hilfe engagierten Filipino zurück und eilte selbst zur Wohnungstür. Draußen stand, in ein schwarzes Cape gehüllt, die langen Haare zum Zopf gebunden, der Klavierstimmer, einen kleinen Blumenstrauß in der einen, das zusammengeknüllte Zellophan in der anderen Hand, und lächelte sie von unten herauf an. Er hielt Caroline den Strauß hin, den sie automatisch entgegennahm. Zum zweiten Mal am heutigen Tag küßte er ihre Hand.

›Ich verstehe nicht‹, sagte sie verwirrt und fragte sich: ›Wie kommt er dazu, ungeladen hierherzukommen?‹ Sie hatte auch gar keinen Tischplatz mehr. Außerdem war er ein Klavierstimmer und nicht ein Freund, ja, nicht einmal ein Bekannter. Doch sie spürte keine echte Verärgerung und hörte sich freundlich sagen: ›So eine Überraschung! Kommen Sie doch herein!‹

Der kleine Mann ließ sich nicht lange bitten. Er nahm mit einer schwungvollen Geste das Cape von seiner Schulter und trat an ihr vorbei in die Diele. ›Ich muß Ihnen mein Erscheinen erklären, fürchte ich‹, begann er gewandt, doch Caroline ließ ihn nicht fortfahren und hakte sich unter seinen Arm. ›Das können Sie später tun, aber jetzt muß ich mich um meine Gäste kümmern, kommen Sie.‹ Sie winkte dem Filipino und ließ an ihrem Tisch einen Stuhl hinzustellen und ein Gedeck auflegen. Bevor sie sich an ihren Platz setzte, stellte sie den Überraschungsgast ihren Freunden vor: ›Ich möchte euch einen Freund vorstellen: Monsieur Lionel Perrin, Fachmann für Musikinstrumente.‹

Caroline hatte mich zu ihrer Rechten plaziert. Sie erzählte ihren anderen Gästen von unserer alten Freundschaft, von meinen Erfolgen. Ich sprach auf ihr Drängen von meinen beruflichen Plänen, und mir blieb nicht verborgen, daß Caroline aus den Augenwinkeln Monsieur Perrin, den Klavierstimmer, beobachtete, der sie ab und zu mit einem etwas spöttisch wirkenden Lächeln ansah und ihr auch schon einmal mit einer kleinen Verbeugung zutrank. Er mischte sich bald in die Unterhaltung und brachte die Gesellschaft an unserem Tisch mit seinen Bemerkungen zum Lachen, während ich immer mehr verstummte.

Nach dem Essen hatte Caroline ihre Gäste ins Musikzimmer zum Kaffee gebeten. Sie hatte mich zur Seite genommen und mich zu überreden versucht, ihrer Gesellschaft eine kleine Kostprobe meines Könnens, wie sie sich ausdrückte, zu geben. Damals beging ich die Dummheit, die ich zu Anfang erwähnt hatte.

Ich sagte ihr, daß ich sehr enttäuscht von ihr sei, überhaupt fände ich sie sehr verändert, es sei wohl der neue Wohlstand, der diese Veränderung verursacht habe, die mich veranlaßte, in leisem, aber bestimmtem Ton ihr Ansinnen zurückzuweisen, zumal sie es mir nicht vorher mitgeteilt hatte. Dann verabschiedete ich mich kurz angebunden und ging.«

Während des letzten Teils seiner Erzählung hatte Sascha Panfilov einige Male verstohlen auf die Uhr geschaut. Jetzt setzte er eine etwas gespielt verzweifelte Miene auf und sagte:

»Um Gottes willen, ich habe mich verplaudert. Ich habe heute abend eine Aufnahme im Rundfunk und muß wenigstens noch eine Stunde das Programm durchgehen. Ich fürchte, ich habe Sie gelangweilt, ich hätte mich kürzer fassen müssen.« Ich versicherte, und meinte es ganz ehrlich, daß mich seine Geschichte fasziniert habe und daß auch mir die Zeit wie im Fluge verstrichen schien. »Wenn es Sie wirklich interessiert«, fuhr er fort, »wäre es mir ein Vergnügen, Ihnen das Ende der Geschichte zu erzählen.«

Er hatte die Bedienung herangewinkt, die Rechnung bezahlt und war aufgestanden. Er verabschiedete sich eilig, aber doch mit großer Herzlichkeit.

Ich hörte längere Zeit nichts mehr von ihm und hatte selbst nicht den Mut, mich bei ihm zu melden. Einmal sah ich ihn bei einem offiziellen Empfang, wir winkten uns von weitem zu, hatten aber keine Gelegenheit für ein Gespräch oder uns auch nur zu begrüßen. So hatte ich schon die Hoffnung aufgegeben, jemals die Geschichte zu Ende zu hören.

Als ich mich ein gutes halbes Jahr später in Cannes aufhielt, las ich eines Tages in der Zeitung einen Bericht über Aix-en-Provence, wo gerade das Festival d'Art Lyrique, das jährliche Opernfestival, stattfand, und mir fiel die Ankündigung eines Klavierkonzerts der Lyoner Symphoniker ins Auge, Solist Sascha Panfilov. Sascha in Aix-en-Provence. Ausgerechnet in Aix!

Am folgenden Tag versuchte ich über verschiedene Kanäle, eine Eintrittskarte zu erwerben für das Konzert, das an einem Sonntag nachmittag nicht wie üblich im Hof des Rathauses, sondern im Théâtre de l'Archevêché stattfinden würde, aber das Konzert war hoffnungslos ausverkauft. Kurzerhand nahm ich einen Mietwagen und fuhr nach Aix. Im Hotel Villa Gallici, einer italienisch anmutenden Villa, die auf einem Hügel oberhalb der Altstadt lag, fand ich mit Mühe ein kleines Zimmer. Aber selbst mit der Anspielung auf ein größeres Trinkgeld konnte ich durch den Portier keine Eintrittskarte zu dem Konzert bekommen. So schlenderte ich schon bald nach dem Mittagessen hinunter in die Altstadt zum Erzbischöflichen Palais, in dessen Innenhof die abendlichen Festival-Veranstaltungen stattfinden.

Auf dem von Menschen wimmelnden Vorplatz

stand eine lange Schlange von Studenten vor der Kasse. Ich schaute mich um, ob jemand eine Eintrittskarte zum Verkauf anbot. Nichts. Mir fiel auf, daß ringsherum häufig Russisch gesprochen wurde. Ich drängte mich vor zur Kasse und fragte, ob die Möglichkeit bestünde, noch eine Karte zu ergattern. Die Dame in ihrem kleinen Kontoir zog ein bedauerndes Gesicht:

»Da sehe ich sehr schwarz, Monsieur«, sagte sie, während sie einer stark parfümierten Dame einen Umschlag mit einer vorbestellten Karte aushändigte, den sie aus einem hölzernen Regal zu ihrer Rechten fischte. Ich versuchte aus den Augenwinkeln die Namen auf den verbleibenden Briefumschlägen zu entziffern: Herrn Professor Soundso mit Gattin, Seine Exzellenz von XY und – plötzlich las ich da meinen eigenen Namen! Ich glaubte an ein Wunder und erfuhr erst im Nachhinein durch Sascha Panfilov selbst des Rätsels Lösung. Er wohnte im gleichen Hotel wie ich, hatte durch Zufall vom Portier bei dessen Versuchen, für mich eine Eintrittskarte zu bekommen, meinen Namen gehört und mir eine Nachricht hinterlassen, die mich aber nicht mehr erreichte, da ich schon auf dem Weg zum Konzert war. In dem Briefumschlag mit der Eintrittskarte war auch eine kurze Nachricht, in der er mir vorschlug, ihn am nächsten Morgen zum Frühstück im Hotel zu treffen, da er für den Abend nach dem Konzert schon verabredet sei …

Es war heller Nachmittag, und in dem kleinen und sehr heißen Innenhof der Archevêché war das sommerlich bunte Konzertpublikum schon versammelt. Als das Orchester Platz genommen hatte, betrat Sascha gemeinsam mit dem Dirigenten die Bühne. Er sah sehr bleich aus und hatte sich einen Bart wachsen lassen. Er trug kein Jackett, nur ein schwarzes Hemd und eine schwarze Hose. Nach dem Applaus setzte er sich an den Flügel. Es wurde so still, daß man vom Park hinter der Propstei die Grillen zirpen hörte.

Obwohl ich aus Saschas Erzählung wußte, daß er und Caroline zuletzt im Unfrieden voneinander geschieden waren, konnte ich nicht umhin, mir vorzustellen, daß Caroline, die ihre Sommerferien vielleicht immer noch bei ihrer Familie in Aix verbrachte, sich dieses Konzert nicht entgehen lassen würde. Zudem hatte Sascha auf seiner Nachricht hinterlassen, daß er nach dem Konzert eine Verabredung hatte. Mit Caroline? Ich sah mich im Publikum um, denn Sascha hatte mir seinerzeit Caroline doch recht genau beschrieben. Doch ich konnte in dem recht überschaubaren Publikum keine Frau ausmachen, auf die Saschas Beschreibung gepaßt hätte. Ich gebe zu, daß ich dem Konzert nicht mit größter Aufmerksamkeit folgte. Mir tat Sascha ein wenig leid, der an diesem heißen Nachmittag sicher Ströme von Schweiß vergießen mußte.

Ich war sogar versucht, nach dem Konzert zum

Künstlereingang zu gehen, um vielleicht ein Zusammentreffen mit der Heldin von Saschas Geschichte heimlich zu beobachten, aber ich unterdrückte diese indiskrete Neugier und wartete gespannt auf den nächsten Morgen, auf mein Wiedersehen mit Sascha Panfilov.

Sehr früh weckte mich das Zwitschern und Singen der Vögel im Park des Hotels. Es trieb mich schon bald in die Halle hinunter, und zu meiner Überraschung erwartete mich Sascha zeitunglesend in dem kleinen Saal neben der Rezeption. Er sprang auf, begrüßte mich sehr herzlich, kam gleich auf das »schreckliche Konzert in dieser infernalischen Hitze« zu sprechen.

Wir gingen zum Frühstück in den schattigen Garten des Hotels. Ich bedankte mich für seine Eintrittskarte, und Sascha lüftete das Geheimnis, wie es dazu gekommen war. Wir frühstückten ausgiebig, nur gestört von einigen aufdringlichen Wespen, griffen danach fast gleichzeitig zu der ersten Zigarette des Tages, wie wir einander versicherten, und Sascha sprang recht unvermittelt in die Geschichte, auf deren Fortsetzung ich so lange hatte warten müssen:

»Wo war ich damals stehengeblieben?« Genauso prompt lieferte ich ihm das Stichwort: »Bei dem Abend in Carolines Wohnung ...« – »Ach ja! An jenem Abend, an dem ich dummerweise davonlief ... Vielleicht hätte ich die ganze Geschichte, die sich so dramatisch entwickeln sollte, vermeiden können, wäre ich geblieben. Ich muß mich übrigens korrigieren. Ich habe Ihnen nicht ganz die Wahrheit – oder besser: nicht die ganze Wahrheit – gesagt, als ich Ihnen erzählte, ich wäre damals in meiner Berufsehre beleidigt von dem Fest weggelaufen. Es war ganz gewöhnliche Eifersucht auf diesen schrecklichen Klavierstimmer. Und ich erfuhr selbst erst sehr viel später die Fortsetzung des denkwürdigen Abends.«

Wir überließen den Frühstückstisch dem abräumenden Kellner und setzten uns an einen kleinen Gartentisch mit bequemen Korbsesseln. Sorgfältig drückte Sascha seinen Zigarettenstummel aus, lehnte sich in seinem Stuhl zurück und fiel in seine Erzählmelodie, die mich schon beim ersten Mal so fasziniert hatte und die so leicht und fehlerlos klang, als läse er aus einem Buch vor:

»Caroline war, wie sie mir später erzählte, sehr betroffen von meinem brüsken Abschied, sie versuchte, ihre Fassung zurückzugewinnen, und als sie sich wieder ihren Gästen zuwandte, bemerkte sie Monsieur Perrin, der die Szene mit mir nicht nur beobachtet, sondern, wie sein sardonisches Lächeln verriet, auch sehr gut verstanden hatte. Er nickte ihr aufmunternd zu, als wolle er sagen: ›Machen Sie sich nichts daraus, das kriegen wir schon hin!‹, und mit merkwürdig hüpfenden, schnellen Schritten ging er auf den Flügel zu, setzte sich auf den

Hocker und begann mit festem Einsatz, der sofort jede Unterhaltung verstummen ließ, zu spielen. Er schaute dabei Caroline an, die ihm mit einem erleichterten Kopfnicken dankte.

Als Monsieur Perrin nach einigen klassischen Stücken zur leichteren Muse überleitete, kam Stimmung auf, Tische und Stühle wurden beiseite geräumt, der große Teppich wurde aufgerollt, und man begann sogar zu tanzen. Caroline strahlte und genoß die Komplimente ihrer Freunde. Lange nach Mitternacht begleitete sie ihre Gäste nach und nach zur Wohnungstür, nur Monsieur Perrin saß immer noch am Flügel und spielte nunmehr leise improvisierend, ›romantisch‹, wie es Caroline selbst beschrieb.

Sie hatte sich vom letzten Gast an der Tür verabschiedet, kam zurück, lehnte sich an das ferne Ende des Flügels und hörte zu. Monsieur Perrin fragte, ohne sein Spiel zu unterbrechen: ›Sind Sie zufrieden?‹ – ›Ja, sehr‹, antwortete Caroline lächelnd. ›Ich muß mich bei Ihnen bedanken, Sie haben mir den Abend gerettet.‹

›Das meinte ich nicht, ich wollte wissen, ob Sie mit dem Flügel zufrieden waren. Er hat sich allerdings brav gehalten.‹ –

Caroline ging zu ihm hinüber und schlug eine hohe Taste an. ›Ich glaube, Sie schulden mir dennoch eine Erklärung, warum Sie heute abend zurückgekommen sind.‹ Lionels Hände auf den gelblichen Elfenbeintasten glitten in eine zarte Melodie, und er sagte, ohne Caroline anzuschauen: ›Ich habe mich heute morgen verliebt ...‹ Caroline versuchte, ihres Herzklopfens Herrin zu werden: ›Verliebt? In den Flügel? Das verstehe ich, auch ich liebe ihn.‹ – ›In Sie!‹ sagte Lionel, und seine Musik schwoll zu großem Gefühl an.

Lionel blieb diese Nacht in Carolines Wohnung, und er blieb nicht nur die eine Nacht. Eine Woche später zog er mit seiner bescheidenen Habe als Untermieter ein, obwohl von Miete später nie mehr die Rede war. Lionel war ein unterhaltsamer Gesellschafter, und zum ersten Mal war Caroline verliebt und wunschlos glücklich. Doch der schöne Schein trog. Lionel verbrachte bald die Abende und immer öfter ganze Nächte außer Haus. Caroline fürchtete, es gebe da eine andere Frau in Lionels Leben. Doch sie wagte nicht, ihn zu fragen. Es war Lionel selbst, der eines Tages das Geheimnis lüftete. Er bat Caroline um Geld. Es handelte sich um eine so bedeutende Summe, daß er Caroline gestehen mußte, es seien Spielschulden. Er versprach ihr, das Geld zurückzuzahlen, obwohl Caroline klar war, daß er dieses Geld gewiß nicht mit Klavierstimmen würde verdienen können. Und davon wurde auch bald nicht mehr gesprochen. Lionel blieb einige Tage bei Caroline, schwor, nie wieder zu spielen, doch dann begann er wieder, die Abende und wenig später ganze Nächte außerhalb zu verbringen.

Und Caroline wußte, was er an jenen Abenden und während der Nächte trieb.

So verwunderte es sie auch nicht, als er sie nach einer langen Nacht verzweifelt wieder um eine beträchtliche Summe Geldes bat. Caroline machte einen schwachen Versuch, ihm sein Ansinnen abzuschlagen, aber in diesem Augenblick zeigte Lionel zum ersten Mal sein wahres Gesicht. Er machte ihr mit harten Worten klar, was Spielschulden in Kreisen professioneller Spieler bedeuten und daß beim Überschreiten des Zahlungstermins der sichere Tod drohte. Er verlor alle seine bisher zur Schau gestellte Liebenswürdigkeit. Er verlangte klar heraus, daß Caroline sich wohl von einigen Dingen ihrer reich ausgestatteten Wohnung trennen müsse, wolle sie ihn lebendig wiedersehen. Caroline war verzweifelt, aber sie sah keinen Ausweg. Wenn sie glaubte, den Punkt erreicht zu haben, an dem sie sich die Trennung zutraute, verstand es Lionel, sie mit glänzend gespielten Reueschwüren und Versöhnungen, die sie fast wieder glücklich und voller Hoffnung auf eine Heilung von seiner zerstörerischen Leidenschaft des Glücksspiels zurückließ, wieder umzustimmen.

Doch bald mußte Caroline einsehen, daß sich nichts geändert hatte und daß Lionel sein Werk der Plünderung ihres Besitzes mit grausamer Zielstrebigkeit fortsetzte. Er brachte einen nicht gerade vertrauenerweckenden Antiquitätenhändler ins Haus, der die Gegenstände schätzte und in Kommission nahm, wie er es nannte. Andere bewegliche Gegenstände, wie Tafelsilber, Porzellan oder was sonst in der Wohnung noch Wert besaß und relativ leicht zu Geld zu machen war, verschwanden einfach. In wenigen Monaten war die so schön und geschmackvoll eingerichtete Wohnung der Tante Louise ausgeräumt. Nur bei dem wertvollsten Stück, dem Flügel, auf den er es besonders abgesehen hatte und der nun einsam in seinem Alkoven thronte, blieb Caroline unbeugsam.

Lionel verschwand für eine ganze Woche, und als er wieder auftauchte, war die Wohnung verriegelt und Caroline zu ihren Eltern nach Aix-en-Provence gefahren. Sie hatte einen Nervenzusammenbruch erlitten, verbrachte einige Wochen in einer Klinik und erholte sich erst allmählich dank des wohltuenden Klimas der Provence und der liebenden Fürsorge ihrer Mutter.

Als sie nach fast drei Monaten nach Paris zurückkam, fand sie die Wohnungstür zwar verschlossen, es gab aber deutliche Spuren, daß sie gewaltsam geöffnet worden war. Caroline fühlte, wie ihre Knie nachgaben, sie wankte in schlimmer Vorahnung hinüber ins Musikzimmer: Aber der Flügel stand noch an seinem Platz. Dafür waren allerdings die letzten Reste von Silber, Bildern und Möbeln verschwunden. Das einzige verbliebene Bett und die Küche zeigten Spuren, daß in der Zwischenzeit Lionel wohl hier gewohnt hatte. Er blieb verschwunden, und auch Caroline wollte und konnte nicht in dieser Wohnung bleiben. Sie zog in ein kleines Hotel in der Nähe ihrer Studentenwohnung auf dem Montmartre, in dem damals ihre Eltern immer wohnten, wenn sie zu Besuch in Paris weilten.

Caroline fühlte sich schwach und unglücklich. Sie sorgte sich um ihre Zukunft. Sie würde die Wohnung verkaufen müssen. Selbst wenn sie nur einen Teil des eigentlichen Wertes erzielen konnte, würde ihr ein bescheidenes Auskommen für den Rest ihres Lebens garantiert sein. Und dann war ja da noch der Flügel.

Caroline hatte alle ihre Freunde aus den Augen verloren und suchte sie auch nicht. Sie fand Trost in der geliebten Musik und begann wieder, Konzerte zu besuchen. Sie zwang sich, nicht an Lionel zu denken, wenn ihr auch bewußt war, daß er eine tiefe Wunde in ihr hinterlassen hatte, die nur langsam heilen wollte. Seit Lionels Verschwinden war nun fast ein Jahr vergangen.

Meine Karriere als Pianist war, wenn ich das vielleicht unbescheiden, aber dankbar sagen darf, inzwischen sehr erfolgreich verlaufen, es ergab sich, daß ich immer häufiger auch in Paris Konzerte gab. Lange wehrte sich Caroline, so erzählte sie mir, meine Konzerte zu besuchen. Doch eines Tages war das auf Plakaten angekündigte Programm so ganz nach ihren musikalischen Vorlieben, daß sie nicht widerstand. Sie war nachher so aufgewühlt, daß es sie zum Künstlereingang zog, wo sie wartete, daß ich in der Tür erschien. Caroline fühlte sich so klein, daß sie sich wünschte, nicht von mir bemerkt zu werden. Ich war auch schon an ihr vorbei, strebte durch die Menge dem wartenden Wagen zu, als ich sie, wohl gerade weil sie sich so abseits hielt, erblickte und sofort erkannte.

Caroline war, wie sie gestand, ›sprachlos vor Bewunderung für meine Bravour‹, aber auch gerührt durch die aufwallende Erinnerung, das Wiedersehen, und sie brach plötzlich in ein glückliches und gleichzeitig verzweifeltes Weinen aus. Ich umarmte sie tröstend und zog sie fort zu dem Wagen, drängte sie einzusteigen, der Chauffeur schlug die Wagentür zu und beeilte sich, mich vor den immer noch nachdrängenden Fans zu schützen und mir in den Fond zu helfen.

Während des Soupers in einem Restaurant in der Nähe des Étoile wollte ich alles wissen, was ihr seit dem Abend in ihrer Wohnung, als ich mich so dumm benommen hatte, wie ich nun zugeben konnte, widerfahren war. Und Caroline erzählte, etwa so, wie ich es Ihnen eben versucht habe, ihre Geschichte mit Lionel Perrin, dem Klavierstimmer, nach jenem fatalen Abend bis zum bitteren Ende.«

Sascha unterbrach sich und sagte mit einem traurigen Lächeln:

»Ich habe Ihnen wieder nicht die ganze Wahrheit gesagt, denn Caroline hatte mir ein Geständnis gemacht, das mir sehr zu schaffen machte. Sie erinnerte mich an unser erstes und einziges sexuelles Zusammensein in meiner Studentenbude an der Cour de Rome vor so vielen Jahren. Ob ich mich ihrer Worte entsinnen könne, mit denen sie damals um meine ›Seelenfreundschaft‹ geworben und mir die sexuelle Beziehung verweigert habe. Ausgerechnet mit diesem Menschen, diesem windigen Lionel Perrin, habe sie das erfahren, was sie als das körperliche Verlangen bis dahin für sich als ausgeschlossen gehalten habe. Selbst das völlig Aussichtslose dieser Beziehung habe sie nicht davor retten können, in eine körperliche Abhängigkeit von dem unwürdigen Klavierstimmer zu geraten, ja, ihm lange Zeit gegen all die warnenden Stimmen ihrer Vernunft, ihrer Erziehung, ihrer Prinzipien zu verfallen. Und sie fragte mich, ob ich ihr das verzeihen könne, ob sie meiner Freundschaft noch würdig sei. Es fiel mir schwer, die brennende Eifersucht auf Monsieur Lionel Perrin, den quälenden Gedanken, daß er sie so besessen, wie ich es erfolglos ersehnt hatte, zu kontrollieren, zu verbergen.

Mir fiel der Flügel ein: ›Der Flügel!‹ rief ich, ›du hast ihn noch?‹ Sie nickte lächelnd, und ich bat: ›Du mußt mir den Gefallen tun und mich darauf spielen lassen, als Wiedergutmachung, für dich, nur für dich!‹

Wir verabredeten uns für den nächsten Tag vor der Wohnung in der Avenue Henri Martin. Caroline hatte mich vorgewarnt, in welchem Zustand ich die Wohnung vorfinden würde. Auch daß der Flügel nicht gestimmt sei.

Wir betraten die leeren Räume. Caroline zog im Musikzimmer die Vorhänge auf, öffnete die Fensterläden, entfernte das weißgelbe, staubige Nesseltuch, welches das Instrument bedeckte, und faltete es hastig zusammen. Sie wischte mit einem Zipfel den Staub von dem Klavierhocker, und ich setzte mich, klappte den Tastendeckel hoch, schlug prüfend die ersten Tasten an und erstarrte. Ich stand schnell auf, ging um den Flügel herum, strich prüfend über die Malerei des Gehäuses, roch daran, ging an die Seite des Instruments, hob den großen Deckel hoch, stützte ihn ab und schaute fassungslos in das Innere, nahm den Spannrahmen in Augenschein und konnte nicht glauben, was ich sah.

Caroline hatte mich die ganze Zeit mit wachsender, ahnungsvoller Angst beobachtet. Ich drehte mich nach einer langen Pause zu ihr um und sagte:

›Das ist er nicht! – Das ist nicht dein Flügel! Das hier ist eine ziemlich schlechte Kopie!‹ Caroline war wie erschlagen:

›Wie konnte das möglich sein? Wenn er ihn schon haben wollte, warum hat er ihn nicht einfach gestohlen, wie er viele andere Sachen gestohlen hat?‹

›Warum?‹ antwortete ich. ›Das ist ja das Raffinierte, den Diebstahl des Instruments hättest du dir, wie du selbst gesagt hast, nicht gefallen lassen, du hättest ihn angezeigt. Daher kam er auf die Idee, eine Kopie anfertigen zu lassen, um in aller Ruhe das Original zu Geld machen zu können!‹

Obwohl ich in der folgenden Zeit häufig zu Konzerten herumreiste, kümmerte ich mich um Caroline, so gut ich konnte. Ich erklärte ihr, daß sie sich mit dem Verlust nicht abfinden dürfe. Ich bestand darauf, daß sie die Polizei verständigte, einen Anwalt nahm und Monsieur Lionel Perrin wegen Diebstahls und Betrugs anzeigte. Ich ließ Nachforschungen über ihn anstellen und erfuhr, nicht ohne Genugtuung, daß er ein der Polizei bekannter Betrüger und Heiratsschwindler war. Der echte Flügel blieb lange verschollen.

Für eine kurze Zeit hatte ich die stille Hoffnung genährt, daß Caroline sich nach ihren enttäuschenden Erfahrungen, die sie mit anderen Männern gemacht hatte, mir doch noch nähern würde, daß ihre Zuneigung und tiefe Freundschaft nicht nur auf unsere gemeinsame Liebe, die Musik, beschränkt bleiben, sondern das ganze Spektrum unserer Existenz, auch den erotischen Teil, umfassen könnte. Ich mußte aber bald feststellen, daß Caroline sich jeder noch so behutsamen Annäherung, jeder Zärtlichkeit unzugänglich zeigte. Jede sexuelle Regung schien in ihr erloschen und war mit noch so vorsichtigen Signalen nicht zu beleben. Wann immer ich in Paris weilte, trafen wir uns zum Essen, zu Konzert- und Museumsbesuchen und führten dabei lange Gespräche.

Inzwischen war die Fahndung nach dem verschwundenen Flügel in Gang gekommen. Eines Tages eine heiße Spur. Sie führte zu einem japanischen Industriellen, dem Lionel den Flügel für eine astronomische Summe angeboten hatte und mit dem er handelseinig geworden war. Der größere Teil der Kaufsumme war, wenn der Flügel in Japan eingetroffen sein würde, auf den Bahamas fällig, zahlbar auf das Konto eines Kaufmanns, hinter dem sich niemand anderer als Lionel Perrin verbarg. Der endgültige Abschluß und der Transport des kostbaren Guts erfuhr eine Verzögerung, als sich das Pariser Museum, das Sie ja kennen, für das seltene Instrument interessierte, das zwar mit dem Japaner finanziell nicht mithalten konnte, das aber die Ausfuhr eines solchen sogenannten französischen Kulturguts zu verhindern suchte und die entsprechende Behörde einschaltete.

So befand sich der Flügel noch auf französischem Boden, als die Polizei zugriff. Der Japaner wehrte sich heftig gegen die Beschlagnahme des Instruments, schließlich habe er einen Teil des Kaufpreises schon entrichtet, aber er mußte einsehen, daß der Flügel als Diebesgut dem ursprünglichen Eigentümer zustand, und das war Caroline. Der betrogene Japaner schwor Rache, aber Monsieur

Lionel Perrin war inzwischen über alle Berge, seine Spur verlor sich irgendwo in Südamerika.

Nach einer längeren Konzertreise kehrte ich nach Paris zurück und fand eine Nachricht des Anwalts vor, den ich in Carolines Namen mit den Nachforschungen beauftragt hatte, auf dessen Briefe und Anrufe sie aber nie reagiert hatte. Er teilte mir mit, daß der Flügel sichergestellt sei. Nun wollte ich meinerseits Caroline mit diesem glücklichen Ausgang der Geschichte überraschen. Aber ich konnte sie unter ihrer letzten Adresse in Paris nicht finden. Ich fuhr in die Avenue Henri Martin. Die Fassade des Hauses war von einem Baugerüst entstellt, und die Concierge erzählte mir, daß die Wohnung an einen bekannten Zeitungsverleger verkauft worden war.

Erst einige Zeit später erfuhr ich durch eine Freundin Carolines die Adresse in einem kleinen Ort bei Aix-en-Provence, nicht weit von hier also, sie wußte aber nicht die Telefonnummer. Ich erkundigte mich bei ihren Eltern, aber der Vater war gerade gestorben, und man wollte mir keine Auskunft geben. So fuhr ich eines Tages im Wagen los.

Das Gebäude, das ich antraf, war offensichtlich eine Klinik oder ein Sanatorium, und ich geriet in Sorge um meine Freundin. Ich stellte mir vor, daß sie vielleicht schwer krank sei, und machte mir Vorwürfe, daß ich sie so lange vernachlässigt hatte. Als ich mich anmeldete, ließ man mich längere Zeit warten. Schließlich trat eine Krankenschwester ins Zimmer. Mit einem heiteren Lächeln kam sie mir entgegen: Es war Caroline!

Als ich ihr erzählte, daß der Flügel wiedergefunden sei, freute sie sich, sagte aber gleich, daß sie sich längst entschlossen habe, sollte er wieder auftauchen, ihn dem Pariser Musikmuseum zu überlassen. – Und da steht er nun, wie Sie gesehen haben. Und hoffentlich noch lange.«

Sascha atmete tief ein und wieder aus, und seine Miene bedeutete, daß er mit seiner Erzählung zu Ende war. Während er aufstand, sagte er noch wie beiläufig: »Entschuldigen Sie, bitte, die kleine Lüge, gestern abend verabredet gewesen zu sein. Ich hatte lediglich gehofft, Caroline gestern abend nach dem Konzert wiederzusehen. Ich hatte ihr eine Eintrittskarte geschickt. Nachher meldete sich bei mir am Künstlereingang eine Krankenschwester desselben Ordens und stellte sich mir als eine Kollegin und Freundin Carolines aus dem Sanatorium vor. Sie entschuldigte sich dafür, daß sie mit dem für Caroline bestimmten Billet ins Konzert gekommen war, und sie teilte mir mit, daß Caroline vor über sechs Monaten ganz plötzlich und ohne eine Adresse zu hinterlassen abgereist sei.«

Als wir wieder in der Hotelhalle standen, bedankte ich mich bei Sascha für seine Erzählung, vor allem auch für die Zeit, die er mir geopfert hatte.

Er sah mich lächelnd an, ich glaubte eine gewisse Verlegenheit bei ihm zu spüren, daß er mich, einen Fremden, mit dieser Geschichte einen so tiefen Blick in sein Inneres hatte tun lassen. Ich hatte ihn eigentlich fragen wollen, ob er mir erlaube, seine Geschichte aufzuschreiben. So aber unterdrückte ich die Frage. Er verabschiedete sich herzlich, wenn auch mit merkwürdiger Eile, von mir.

Ich ging noch einmal hinunter in die Altstadt und suchte in einem der Antiquitätengeschäfte nach einem Geschenk. An der winzigen Place des Trois Ormeaux fand ich schließlich, sicher nicht sehr originell, eine sehr schöne antiquarische Musikgeschichte. Spontan schrieb ich als Widmung auf die erste Seite: »Für Sascha. Danke für die schöne Erzählung!«

Als ich ins Hotel zurückkam, war Sascha abgereist. Er hatte mir zwei seiner letzten CDs beim Portier hinterlassen. Auf eines der Booklets hatte er unter sein Photo geschrieben: »Danke fürs Zuhören! Viel Vergnügen beim Zuhören! Sascha«. Ich habe ihn nicht mehr wiedergesehen.

Vor einiger Zeit besuchte ich das neue moderne Film- und Theaterzentrum im Parc la Villette. Als ich danach auf die Place de la Fontaine aux Lions hinaustrat, fiel mir die eindrucksvolle Architektur der neuen Cité de la Musique auf der anderen Seite des Platzes auf. Ich ging hinüber und betrat das großzügige Gebäude, wie man das neue Haus eines alten Bekannten betritt, fand auch gleich den Eingang zum neuen Musikmuseum. Welch ein Unterschied zum alten Bau in der Rue de Madrid! Freundliche junge Damen geben jedem Besucher einen speziellen Kopfhörer, der automatisch die Instrumente kommentiert, vor denen man haltmacht, und danach ein musikalisches Beispiel von sich gibt. In der weiträumigen architektonischen Anordnung des Museums waren hier die gleichen Instrumente des alten Museums und einige Neuerwerbungen in großen Glaskästen übersichtlich geordnet. Gespannt betrat ich den Saal mit den aufgereihten Clavecins und schaute mich um.

Eigentlich hatte ich ihn gesucht, doch als ich plötzlich vor ihm stand, war ich überwältigt. Mein alter Flügel kam mir noch glänzender und prächtiger vor als beim ersten Mal. Wieder und wieder ging ich um das Instrument herum, bewunderte die Malerei, den Reigen der Putti auf den Seiten, die Schäferszenen auf dem Deckel, die gedrechselte, vergoldete Stange, die ihn stützte, empfand auch so etwas wie stolze Genugtuung, weil ich mehr über seine Geschichte wußte als der Kommentator im Kopfhörer und die übrigen Besucher des Museums.

Ich wollte mich gerade von seinem Anblick trennen, als ich bemerkte, daß die erklärende Inschrift auf dem Schildchen eine kleine Änderung erfahren hatte. Unter der mir bekannten Beschreibung der Geschichte und Herkunft des Instruments las ich in kleinen Buchstaben:

> Schenkung von
> Mme. Caroline Bouvier-Perrin und
> M. Lionel Perrin, Caracas

Das Orakel

Mit dem deutsch-amerikanischen Regisseur Robert Siodmak hatte ich 1957 den Film NACHTS, WENN DER TEUFEL KAM gedreht, dann 1960 noch einmal eine kleine Szene in DER SCHULFREUND, später trafen wir uns immer wieder einmal in Ascona, wo er lebte, in Rom oder Paris. Ich mochte Siodmaks Frau Babs sehr gern. Sie war witzig, temperamentvoll und hatte privat ihren Robert, der am Filmset eher gefürchtet war, gut im Griff. Ich höre immer noch ihr lautes, vorwurfsvolles »Robert!« das unfehlbar immer dann ertönte, wenn auf dem Tisch ein Glas umkippte, eine Tür heftig ins Schloß fiel oder sich eine noch fernere Katastrophe lautstark ereignete.

Babs sprach das »Robert« nicht etwa amerikanisch aus wie Róbbät, sondern mit einem langen deutschen »O« wie in Rohling, und so klang es auch. Dann blieb Siodmak stumm, hob mit einer resignierten Unschuldsgeste die Hände, schaute mit seinen schwarzen, runden, durch die dicke Brille noch vergrößerten Augen in die Runde, und sein leidgeprüfter Blick drückte soviel aus wie: »Was soll man da noch sagen?«

Wir hatten uns eines Tages wieder einmal zufällig in Paris getroffen, im Hotel Lancaster, das damals sehr à la mode war. Wir hatten in einem Bistro in St Germain zu Abend gegessen und flanierten anschließend, es war eine warme Sommernacht, noch am Seineufer entlang. Vor uns lag, bläulich angestrahlt, die Kathedrale von Notre-Dame. Wir standen, die Ellbogen auf die Kaimauer gelehnt, und genossen den Anblick, als plötzlich – es war wohl gerade Mitternacht – auf einen Schlag die Beleuchtung der Kathedrale erlosch. Und pünktlich erscholl Babs Siodmaks vorwurfsvolle Stimme: »Rooobert!«

*

Bei Tisch hatte mir Siodmak eine Geschichte über Ödön von Horváth, erzählt, die mich faszinierte. In den siebziger Jahren hatte ich in Italien im Stadttheater von Triest den Metzger Oskar in Horváths »Geschichten aus dem Wiener Wald« gespielt. Damals hatte ich mich natürlich intensiv für Horváth interessiert, alle seine Stücke gelesen, kannte auch die Geschichte seines Lebens, wußte, daß Horváth gleich nach Hitlers Machtergreifung seine Wahlheimat Berlin verlassen hatte und nach Wien zurückgekehrt war. Als Hitler im März 1938 Österreich dem Deutschen Reich einverleibte, war Horváth in der gleichen Nacht von Wien nach Budapest geflohen. Er war dann nach Holland gefahren, wo er einen Verleger für sein neues Buch Jugend ohne Gott treffen sollte. Und schließlich wußte ich von seinem tragischen Ende in Paris.

Aber Siodmak erzählte eine andere Geschichte über die Zeit Horváths in Holland und die letzten Tage in Paris, die er persönlich miterlebt hatte. Horváths Verhandlungen mit dem Verleger waren gescheitert, er war verzweifelt.

Eines Abends irrte er durch die Altstadt von Amsterdam. Plötzlich sprach ihn eine Frau an. Eine Prostituierte? Das Licht einer Straßenlaterne fiel auf ihr zerstörtes, grell geschminktes Gesicht. Eine alte Frau, die vielleicht in jüngeren Jahren diesem Gewerbe nachgegangen sein mochte, dachte er. Sie schlug vor, ihm seine Zukunft vorauszusagen. Er lehnte müde ab, nicht einmal dafür habe er Geld. Sie ließ aber nicht ab, redete weiter auf ihn ein, schließlich ging er mit ihr. Doch sie holte weder Karten hervor noch ein Pendel oder eine Glaskugel. Sie hielt ihm einen Nachttopf hin und sagte:

»Hier, ich brauche etwas von dir, dann lese ich dir deine Zukunft aus deinem eigenen Leib!« War es Neugier, war es Verzweiflung, Horváth tat, was die Frau von ihm verlangte.

Sie hatte ein Rauchstäbchen angezündet, eine Brille aufgesetzt und begann:

»Ich sehe eine Reise, nein, keine Schiffsreise, es

ist nicht sehr weit, aber ich sehe eine sehr große Stadt, es gibt da einen hohen Kirchturm, nein, es ist keine Kirche, es ist ein eiserner Turm ...«

»Der Eiffelturm«, murmelte Horváth gebannt.

»Ja«, sagte die Frau, »Paris! Ich sehe dich in Paris, sehr bald.« Sie machte eine Pause und wirkte auf einmal sehr alt und müde. »Eine Sibylle«, dachte Horváth, denn die Alte fuhr fort, und es klang wie ein uraltes Orakel, als sie sagte:

»Geh nach Paris! Nach Paris, dein Schicksal wartet dort auf dich, das entscheidende Ereignis deines Lebens. Du wirst bald sehr berühmt werden! Bleibe aber nur fünf Tage, fünf Tage ...«

Horváth hörte ihr nicht weiter zu. Sein Herz klopfte: Paris, ja, er sah sich in Paris, das wäre für ihn die Stadt nicht nur zum Leben, sondern auch zum Schreiben, wie es vor der Nazizeit Berlin gewesen war!

Die Weissagung beschäftigte Horváth tagelang. Er wartete auf ein Zeichen. Aber nichts geschah. Als er einige Tage später in seinen Papieren kramte, fiel ihm ein alter Brief in die Hände.

»Es war mein Brief«, sagte Siodmak, »den ich Horváth über ein Jahr vorher geschrieben hatte. Damals hatte ich gerade seinen Roman DAS ZEITALTER DER FISCHE gelesen, ein Antinazi-Stoff, zu dem ich ihn beglückwünscht hatte. Ich hätte gerne einen Film daraus gemacht, aber das Projekt war nicht auf die Beine gekommen.«

Jedenfalls hätte er Horváth aus den Augen verloren, was in jenen Zeiten, als es die Emigranten in aller Welt herumtrieb, häufig geschah.

Für Horváth war schon die Tatsache, daß der Brief aus Paris gekommen war, ein Wink des Schicksals. In dem Brief fand er Siodmaks Pariser Telefonnummer. Sollte sie noch gültig sein, dann wäre dies das ersehnte Zeichen! Er ging zur Post und rief an. Es meldete sich Babs Siodmak. Sie war hocherfreut und sagte, das müsse Gedankenübertragung sein, noch gestern habe Robert, ihr Mann, mit seinem Produzenten über ihn gesprochen. Dann rief sie ihr »Robert!« der kam ans Telefon und lud Horváth ein, gleich nach Paris zu kommen. Es ginge zwar nicht mehr um seinen Roman, wenn man auch darüber reden werde, sondern erst einmal um das Drehbuch für einen Kostümfilm, leider, aber in Zeiten wie diesen müsse man auch schon mal mit der Wurst nach der Speckseite werfen. Horváth war nicht enttäuscht, im Gegenteil, er war Feuer und Flamme. Schon vier Tage später traf er mit dem Zug in der Seine-Stadt ein. Er zog in ein kleines Hotel in St-Germain-des-Prés und war glücklich, zum ersten Mal nach langer Zeit. Am zweiten Tag durchquerte er Paris zu Fuß und klingelte an Siodmaks Tür im siebten Stock der kleinen Wohnung in Passy. Als Siodmak öffnete, stand draußen der schweratmende Horváth.

»Warum um Gottes willen haben Sie nicht den

Lift genommen?« fragte Siodmak. Er wußte noch nicht von Horváths Phobien, daß der nie einen Lift, ein Auto oder gar ein Flugzeug bestieg.

Die Siodmaks und Horváth wurden schnell Freunde, besonders Babs mit ihren esoterischen Neigungen hatte einen interessanten Gesprächspartner gefunden, und wenn Robert keine Zeit hatte, zeigte sie ihm, der Paris kaum kannte, die Sehenswürdigkeiten der Weltstadt.

Doch Horváth wurde bald müde und seltsam nervös. Er drängte auf den geschäftlichen Abschluß, denn er müsse, sagte er, Paris leider verlassen. Als Babs ihn überreden wollte zu bleiben, er würde doch Arbeit haben, man könne sicher eine kleine Wohnung für ihn finden, erzählte Horváth ihr schließlich von jenem merkwürdigen Orakel in Holland.

An Horváths fünftem Tag in Paris fand ein Mittagessen in einem Bistro in der Rue Marbeuf statt. Da waren die Siodmaks, der Produzent Deutschmeister, der Filmarchitekt Alexandre Trauner und andere Filmleute. Man sprach über den Plan, die Geschichte von Cyrano de Bergerac in Anlehnung an Rostands Theaterstück zu einem Film zu machen, für den Horváth das Drehbuch schreiben sollte. Horváth kannte das Stück sehr gut, fand allerdings, daß die Geschichte sich doch sehr vom Theaterstück entfernte, vor allem der Schluß sollte geändert werden: Es sollte ein Happy-End mit Roxanne geben, ohne den hinterhältigen Mord an Cyrano durch einen herabgeworfenen Balken. Nach dem Kaffee hatte Deutschmeister gezahlt, die Gesellschaft trat wohlgelaunt auf die Straße hinaus.

Es war ein schöner, warmer Frühsommertag, jener 1. Juni 1938, man spazierte hinüber zu den Champs-Élysées. Im Filmtheater Marignan lief der Walt-Disney-Film SCHNEEWITTCHEN, den Horváth sich gerne anschauen wollte. Obwohl Babs den Film schon gesehen hatte, kam sie mit. Danach kam Siodmak dazu, sie saßen noch lange im Café de Marignan. Als es dämmerte, schlug Siodmak Horváth vor, ihn mit dem Wagen nach St Germain zu bringen.

Aber Horváth lehnte wie immer ab, im Auto zu fahren. Er wolle noch ein wenig laufen und an der Place de la Concorde die Metro nehmen. So verabschiedeten sie sich. Horváth würde am nächsten Morgen Paris verlassen und sich an die Arbeit am CYRANO-Drehbuch machen. Siodmak versuchte noch einmal, ihn zu überreden, doch in Paris zu bleiben. So könne man doch vieles direkter besprechen. Aber Horváth war nicht umzustimmen, er hätte eigentlich schon heute, an seinem fünften Tag, Paris wieder verlassen wollen. Er bedankte sich bei den Siodmaks für alles, zündete die teure Zigarre an, die Robert ihm geschenkt hatte, und ging, noch einmal zurückwinkend, langsam die Champs-Élysées hinunter.

Robert und Babs fuhren wenig später nach Hause und unterhielten sich gerade noch über Horváth, als das Telefon im Flur klingelte. Es war die Polizei, die fragte, ob sie einen gewissen Monsieur von Horváth kennen würden, es hätte einen Unfall gegeben. – Sie fuhren ins Krankenhaus, aber Horváth war schon tot. –

Was hatte sich ereignet? In der Nähe des Rond Point des Champs-Élysées war ein großer Baum, eine Ulme, umgefallen. Horváth lief nicht, wie einige andere Passanten, davon. Er rührte sich nicht, als der Baum mit anschwellendem Rauschen auf ihn herabstürzte ...

*

Es waren in den vergangenen Jahrzehnten verschiedene Versionen über Horváths Tod im Umlauf. Am hartnäckigsten hält sich diejenige, die Carl Zuckmayer in seinem Buch ALS WÄR'S EIN STÜCK VON MIR beschreibt. Danach hätte nämlich während eines Gewitters ein Blitz in eine Ulme eingeschlagen und hätte einen dicken Ast abgerissen, der Horváth am Kopf getroffen und getötet hätte ...

Man wird verstehen, daß ich mich hier jedoch an Siodmaks Version halte. Schließlich waren er und seine Frau die letzten Zeugen, die Horváth unmittelbar vorher lebend gesehen hatten. Siodmak hat mir gegenüber Stein und Bein geschworen, daß an jenem schönen, warmen Abend des 1. Juni kein Lüftchen geweht und es auch kein Gewitter mit Blitz und Donnerschlag gegeben hätte. Auch hätte man festgestellt, daß der Baum nicht im geringsten morsch gewesen sei.

Bei Horváths Begräbnis hingegen, darüber herrscht kein Zweifel, hat es in Paris in Strömen geregnet. Er war auf dem kleinen Friedhof von St. Ouen im Norden von Paris begraben worden. Ich bemerkte erst Jahre später, daß der berühmte Pariser Flohmarkt, »Les Puces«, den ich häufig besuche, nur wenige Schritte von dem Friedhof von St. Ouen entfernt lag. Ich ging also eines Sonntags dorthin, um Horváths Grab zu besuchen, fand es aber nicht, auch auf der Prominentenliste des Friedhofs nicht, ging in das kleine Büro und erfuhr von dem freundlichen Beamten, der nach längerem Suchen in einem dicken Aktenordner fündig wurde, daß »Monsieur Ödon von 'Orvat 1988, nach 50jährigem Aufenthalt bei uns, nach Wien umgezogen« sei.

Quellenangaben

Die Erzählungen »Zypriotische Eröffnung« und »Der Klavierstimmer« entstammen dem Band »Der römische Schneeball« (Kiepenheuer & Witsch, 2000).

Die Erzählungen »Der Photograph von San Marco«, »Der Besuch«, »Die zwei Tode des armen Baràbba«, »Vor der Landung« und »Schweigen« entstammen dem Band »Der Dieb von Trastevere« (Kiepenheuer & Witsch, 1994).

Die Erzählungen »Romy a Roma – Amor Amaro«, »Der Fenstersturz«, »Ein Mann spielt um sein Leben« und »Das Orakel« entstammen dem Band »Der Fenstersturz« (Kiepenheuer & Witsch, 1996).